說走就走！

樂爸帶你 週休二日趴趴走

全臺嚴選101個景點 讓你輕鬆自由行！

圖・文 ◎ 樂爸

愛旅行又愛孩子的樂爸親自走訪全臺各地，讓你週休二日不再傷腦筋找景點，跟著玩就對了！不必再為安排景點想破頭！

北部28＋中部22＋南部20＋東部31＝全臺玩透透

目錄

Part3 戶外好趣淘，自然森呼吸

Part4 趣味走跳，嗨翻全家 94 狂！

Part 1

樂爸：「給你滿滿的美景大～平～臺～」

絕美臺灣 Follow Me ！

桃園大溪石門踏青

三代踏青懷舊趣！重回那些年賞流蘇、享美食

景點資訊

渴望會館
📍 地址：桃園市龍潭區渴望路 428 號
📞 電話：(03)407-2999

石門大草坪
📍 地址：桃園市龍潭區佳安村佳安路 2 號

老頭擺客家菜
📍 地址：桃園市龍潭區中正路三坑段 546 號
📞 電話：(03)471-1359
🕐 營業時間：11:00 ～ 14:00 ／ 16:30 ～ 21:00

Tony 東尼湖畔咖啡館
📍 地址：桃園市大溪區環湖路二段 68 號
📞 電話：(03)388-6677
🕐 營業時間：09:00 ～ 18:00

　　不論是偶像劇或韓劇都吹起一股懷舊風，像是《1989 一念間》、《請回答 1988》……等，而樂爸也被那股氣息所感染，當下有了個懷舊旅程的念頭，計畫前往龍潭渴望園區、石門大草坪、老頭擺客家菜，以及大溪東尼 TONY HOUSE 湖畔咖啡，來個三代踏青懷舊之旅。

　　綠意盎然的龍潭渴望園區，一望無際的綠地與樹木讓人放鬆身心，這裡原是宏碁集團員工訓練中心，也曾是個結合生活、生產、生態的多功能園區。如此愜意的環境讓我們先來一場三代同堂的棒球賽，全家瘋了一整個上午後，當天特別選了一家極富特色的老頭擺客家菜來享用午餐。

　　「老頭擺」的特色大門，讓人有種思古的情懷，三合院的餐桌椅看似簡單但也頗具特色，門前還擺放了一部早期農具，古色古香。走進餐廳裡頭彷彿進入了時光隧道，如果不說這裡是間餐廳，根本無法將它聯想在一起。用餐的包廂其實是一間古代的傳統臥房，布置相當考究，配上我們一整桌的客家菜餚，豐盛又美味呀！

　　來到了石管局前的「石門大草坪」，此地的代表是名聞遐邇的流蘇樹，它又被

稱茶葉樹，因為在四月左右開花，故有四月雪之稱。石門大草坪相當寬闊，總是吸引許多大小朋友來此放風箏、踢球或野餐，周圍還有許多木麻樹、樟樹，提供民眾涼蔭休息，一旁的宿舍區更植有許多櫻花樹，每逢春季櫻花綻放，美不勝收。另外，石管局也是《我的少女時代》、《行走的樹》、《五月一號》等多部國片取景地，具有懷舊與大自然氣息。

最後抵達今天的最終站「大溪東尼 TONY HOUSE 湖畔咖啡」。進到咖啡廳裡，映入眼簾的是一對雕塑藝品以及吧臺旁的可愛大熊。而隔壁就是兒童遊戲區，來到二樓的室內用餐區，從落地窗可鳥瞰整個石門水庫中游，對面就是地標「雙乳山」。而一樓又具備另一絕佳的視野及景觀，還可以呼吸到都市裡所沒有的新鮮空氣。再看看庭院造景生動有趣的布置，果然是個享受午後悠閒時光的好地方。

「等候，或許可以什麼都不想，也或許可以欣賞周遭美的事物，亦或許可以陪著愛你或你愛的人………」，此情此景真的讓人永難忘懷，我會將這份快樂的感動，停留在我的腦海中。

大溪慈湖紀念雕塑公園

追楓少年的奇幻漂流＋珍藏五月雪

景點資訊

石門水庫管理中心

📍 地址：桃園市大溪區復興里環湖路一段 68 號

📞 電話：(03)471-2000

小粗坑古道

📍 地址：桃園市龍潭區高平村粗坑 2 鄰

🚗 自行開車：國道 3 號龍潭交流道下接桃 113 線右轉 3 乙省道，前行約 4.7 公里，見星園活魚餐廳左轉前行約 750 公尺即抵。

慈湖紀念雕塑公園

📍 地址：桃園市大溪區復興路一段 1097 號

🕐 開放時間：8:00 ～ 17:00

📞 電話：(03)388-3552

🚗 自行開車：國道三號高速公路下大溪交流道，轉臺 3 號省道接臺 4 號省道直行，至 32.6K 處埔尾依指標左轉，接臺 7 號省道直行至慈湖停車場即至。

🚌 大眾運輸：搭乘臺灣好行巴士慈湖線於慈湖陵寢站下車即抵。

　　身處桃園到哪裡追楓最方便呢？我們就近前往「石門水庫」瞧瞧。由於近幾年氣候暖化的緣故，楓紅的時點較不易掌握，不過大致會落在年底到隔年初間。藍天白雲的好天氣再配上紅紅黃黃綠綠的景色交錯，的確別有一番風味。

　　全世界的楓樹大約有兩百種，在臺灣有青楓、臺灣紅榨楓、臺灣掌葉楓、臺灣三角楓、樟葉楓、尖葉楓等六種。舒適的天氣讓踏青的朋友也變多了，地上隨處可見剛落下的「紅雨」，堆滿了楓林的周邊，還有爬出外頭來日光浴的小瓢蟲，趕緊出來曬曬太陽。除了美不勝收的楓紅外，水庫周圍的樹木也隨著聖誕節腳步的接近，一起換上彩色的衣裳。

　　下一站追楓的地點是「大溪慈湖紀念雕塑公園」，園區集合全臺各地所捐贈的蔣公（蔣介石）銅像而形成，是陸客來臺觀光時極為熱門的觀光勝地。初到此地，紅、黃、綠相間，再加上藍藍的青天，整個景色彷彿像是置身北國。

　　慈湖停車場旁的樹木也換上了秋冬的衣裳，雖然時序已邁入冬天，但當下卻才剛有秋意上心頭的感覺。整個園區以步道方式串聯銅像的擺放位置，周圍有著庭園造景與楓紅、小橋、流水，營造出一種別緻典雅的氣氛。印象中冷冰冰的蔣公銅像，在此處卻有如是一座座雕塑的藝術品，而不再只是單純對著它行禮如儀罷了。

　　除了欣賞周圍的景色外，仔細看看這些來自四面八方銅像群，或許能勾起某些人兒時的一些回憶呢！園區內的銅像大多為一般人熟知的全身、半身像，也有坐姿與騎馬樣貌的塑像。

　　靜僻的湖面中，正躺著對面的景色倒影，些許的紅妝加以點綴，加上如此沉靜的湖面，湖天一色，宛如一面大地的鏡子，正好可用「鏡湖」來形容眼前的美景。

　　如果錯過楓紅的季節，不妨來這裡追桐花，樂爸要探訪的所在，乃是鄰近龍潭「粗坑窯」的小粗坑古道。走在這條具百年歷史的石階幽靜小道上，很難想像這原是一條運送居民貨物的牛車路，只要每逢四、五月桐花季，這裡馬上由綠轉白，成為一片雪白的花海美景，吸引許多遊客慕名而來。沿途生態資源也相當豐富，就連螢火蟲季節來臨時，也是觀賞火金姑的好地點喔！

　　最後引用一首新詩：「填滿胸膛的油桐綠，輕擁山野的油桐白，天地有情、草木有情，我們深情，凝視我們，我們微笑相迎。」找個時間，您也可以悠閒的追楓賞桐花趣！

桃園角板山公園

《後宮甄嬛傳》的倚梅園在這裡？

景點資訊

角板山公園

📍 地址：桃園市復興區澤仁村中正路 133-1 號

📞 電話：(03)382-1678

🕐 開放時間：8:00-17:00

🚗 自行開車：國道三號高速公路下大溪交流道，轉臺 3 號省道往大溪方向，接臺 4 號省道往兩蔣文化園區方向直行，見桃 59-1 鄉道左轉往慈湖方向後接臺七線直行，循指標前行即抵。

🚌 大眾運輸：於大溪搭乘桃園客運 5104、5106 線，於角板山公園站下車。

角板山公園園區的梅花主要分布在角板山公園內、角板山青年活動中心前的庭園、蔣公行館前的庭園，以及蔣公行館內的梅園，園中蝴蝶神采飛揚，花飛蝶舞的美麗景致就在眼前。

為了替角板山增添藝文氣息，市政府邀請吳炫三等多位國際大師，在園區內創作許多公共藝術作品，也成為了第一處世界級「雕塑公園」。

「思親亭」是經國先生於蔣公逝世居喪期間，經常由慈湖至角板山行館憑弔，並在思親亭追思親恩而寫下「梅臺思親」一文的地方。梅園對每位遊客來說是最美的布景，因此一拿起相機早已忘了按過幾下快門，看到眼前的美景驚呼連連，留連忘返。在梅花樹下席地而坐，倘佯這大自然的禮物與享受片刻幸福。

賞梅之餘若想小憩片刻，可至梅園旁咖啡館。時而在大片的草地漫步，時而欣賞雕塑作品展覽，自由自在，任君選擇。再加上些許的楓紅，把這兒點綴成了萬紫千紅的花花世界了！

新北淡水無極天元宮

賞夜櫻？超熱門賞櫻景點

景點資訊

無極天元宮

📍 地址：新北市淡水區水源里北新路三段 36 號

📞 電話：(02)2621-2759

🚗 **自行開車**：由臺北市區行駛承德路、大度路至紅樹林接臺 2 線，過淡江大學轉 101 縣道（北新路）續行即可到達。

🚌 **大眾運輸**：由淡水捷運站前搭乘淡水客運往北新莊方向之班車至天元宮站。

　　「天元宮」一直是北部的熱門賞櫻景點，剛好趁著滿開的時期帶著家人一同賞花去。

　　走進天元宮正門廣場，馬上就會被停車場旁的櫻花林所吸引，一旁的大石正是進入天元宮前的顯著地標，只要天氣稍好，大多數人也都會抽空前來朝聖。

　　在進入賞花之前，可以先參考一下廟前的平面圖，除了標示主要櫻花林的所在外，也特別註明花季期間，禁止車輛進入廟區。

　　天元宮的歷史發展起源於西元 1971 年，當時由黃阿寬等八位負責籌建天元宮、真元宮和聚元宮等三宮，並依神明指示開鑿龍井，名為「八八龍池井」。到了 1972 年時，立開基香爐並在神木後方供奉無極老祖神像，而無極天元宮則於西元 1985 年落成，正殿供奉無極老祖，主神為玉皇大帝並旁祀諸位仙佛。

　　接著後來於 1992 年增建無極真元天壇，樓高五層的無極真元天壇，圓形的建築外觀直徑高達 108 公尺，每座大殿供奉無極界的諸位先佛，約 10 多尺的神尊皆以各種素材雕刻而成，雄偉而莊嚴。

　　「天元宮」一直以來是許多攝影朋友喜歡的取材地點之一，除了優美的吉野櫻外，就這裡古色古香的寺廟建築特色，以及雄偉的佛像與大殿內的鐘鼓等情境。多

　　種的賞櫻視角、時間，無論是早晚、無論是霧雨各有風情，更有些早起運動的朋友們是專程來到這兒呼吸新鮮空氣、舞動身體。

　　而真元天壇周圍的櫻花林可稱得上是核心所在，在「天元宮」可好好的觀賞那櫻花與傳統的臺灣廟宇相結合而表現出不同於日本風情的櫻花景緻。樂爸特別喜歡「天元宮」裡金黃色的真元天壇搭配夜間櫻花的恬靜。

　　通常花期來臨的季節大多落在春天，俗語說：「春天後母臉。」天氣不穩，時有陣雨時而陰晴不定，也會讓花況不太穩定，有心賞花的朋友應隨時注意每年三月底到四月上旬這段時間的花況訊息，以免錯過良機。而且可多加利用大眾交通工具接駁，避免因碰上交通管制，不便通行，有興趣的朋友們，心動不如馬上行動，一同欣賞櫻花吧！

新北三峽雲森瀑布

跟著陳綺貞的腳步追楓去

景點資訊

雲森瀑布

📍 地址：新北市三峽區中坑產業道路底

　　沒想到陳綺貞也來「雲森瀑布」賞楓？其實她是來這裡取景拍廣告的，如果打算到雲森瀑布賞楓，最好的季節約在 12 月左右。

　　之前颱風肆虐而造成嚴重的土石流災害，通往瀑布區的產業道路部分嚴重坍塌，當下寬度只適合機車通行，修復後若再遇類似情形而開車前來，只能停在熊空候車亭附近的停車場，再往上步行約 1 小時。沿途得多留意山友在地上或是樹旁留下的路標，跟著路標就能到達雲森瀑布。

　　若是將車子停在以往比較方便停車的「鐘聲山莊」門口，從熊空候車亭走到這大概花了 20 ～ 30 分鐘左右。而由「鐘聲山莊」門口的左手邊那條路上來，約莫 100 公尺就能抵達前進雲森瀑布入口處。記得！是右手邊較低的那條路才是往瀑布的入口，千萬別走錯了！

　　「雲森瀑布」是臺灣各景點當中，負離子最多的其中之一，在您來此捕「楓」捉影之外，還可以倘佯於大自然的芬多精當中，當然藉此機會爬山練身體也是個好機會。

　　進入山區還是安全至上，最好要能結伴同行，相互照應，千萬別為了逞一時的快樂而忽視了自身的安全。有興趣的您，不妨可以抽個空，到這裡來享受一下大自然的新鮮空氣吧！

新竹尖石塔克金溪

隱藏山間的賞楓密境

景點資訊

塔克金溪

📍 地址：新竹縣尖石鄉秀巒村控溪吊橋附近

塔克金溪，這個地名乍聽之下有點像是新疆或西藏的感覺，其實「塔克金溪」是泰雅族語，位於新竹縣尖石鄉，是淡水河水系的最遠源流。

一直以來，這裡是攝影愛好人士前往捕「楓」捉影的一處祕密基地，沿途清澈的溪水，外加萬紫千紅的楓林，形成了一幅美麗的風景畫。當進到這兒時，會看到一座吊橋，名為控溪吊橋，是這裡的地標，橋下有個巨大的岩石，則是另一處地標——軍艦岩。據說溪床當中還有野溪溫泉，或許可以來嘗試看看。

走過控溪吊橋就可以直通對面的楓林，走在上頭搖搖晃晃，橋下則是湍急的溪谷，既刺激又覺得景色優美。這裡由塔克金溪（泰崗溪）與薩克亞金溪（白石溪）匯流而成，前面再往內深入可到達上帝的部落——司馬庫斯。

進來這裡的山路得花二個多小時，加上沿途上上下下、彎彎曲曲，有些地方土石崩塌還在整修，有些則尚未處理，而且道路狹小，因此在這開車得格外小心。另外，控溪吊橋下的河水相當湍急，來此遊玩賞楓也得隨時注意自身的安全，千萬別貪圖一時美景快樂，而枉顧了自己生命安全。

苗栗大湖三義

充滿濃濃草莓味的親子快樂遊！

景點資訊

龍騰斷橋
📍 地址：苗栗縣三義鄉龍騰村
📞 電話：(037)872-801

勝興車站
📍 地址：苗栗縣三義鄉勝興村 14 鄰勝興 89 號
📞 電話：(037)352-962

大湖草莓文化館（大湖酒莊）
📍 地址：苗栗縣大湖鄉富興村八寮灣 2-4 號
📞 電話：(037)996-736

　　「龍騰斷橋」原名「魚藤坪斷橋」，為以前鐵路「舊山線」必經之地。傳說以前在鯉魚潭中有鯉魚精在作怪，當時居民便在附近種植了許多有毒的魚藤，而且還將東面狀似關公青龍偃月刀刀背的山，將之命名為關刀山。

　　其最大的意義在於以關刀斬斷魚藤毒，並殺鯉魚精的意思，也就是所謂的「關刀斬魚藤，魚藤毒鯉魚」。後來因為當地居民認為魚藤名稱不雅，而將地名改為「龍騰」，因此「魚藤坪斷橋」也才有「龍騰斷橋」的別稱。

　　不過，之所以形成「斷橋」景像，乃是肇因於 1935 年的關刀山大地震。近年來由於國內旅遊盛行與政府致力於觀光的發展，「龍騰斷橋」也成為代表苗栗的一處地標了。

　　「勝興車站」是臺灣西部鐵路的最高點，站內月臺還有一座紀念碑，記錄著此地的標高為 402.326 公尺。「勝興車站」建於 1906 年，已有相當久的歷史，後來因「舊山線」廢止後而裁撤，遂轉變為一處觀光景點。「勝興車站」包含二車站建築物本體、車站廣場、山洞、月臺間的鐵軌、周邊的倉庫、宿舍……等相關設施，皆被列入為

文化景觀，有著濃濃的懷舊風格。另外，車站附近的特色餐廳與小商店林立，也值得遊客們在當中挖寶，細細品味、佇足停留。

「大湖草莓文化館（大湖酒莊）」是苗栗大湖農會轉型經營的酒莊，也是國內第一家生產草莓水果酒的酒莊。大湖草莓文化館共分為五層樓，其中一樓是農特產品展售區，二樓是放映室及禮品區，還有 DIY 紙黏土教學，三樓則是草莓生態展示區，至於四、五樓是特色餐廳與空中花園。

這裡還設有伴手禮館，也是農特產品展售中心，在這裡販售著各種結合溫泉民宿、農漁會百大精品的特產。特別是有著各種以草莓為食材或概念所設計出來的食品或商品，種類繁多而特別，稱得上是草莓特產的集散中心。

在這兒到處都可見到草莓相關的產品，不僅館前有顆大草莓的地標，就連公車亭也採用草莓的造型，真是個不折不扣的草莓之鄉。

趕快利用休假來一趟苗栗親子之旅，讓您與家人間有個快樂的回憶。

臺中中社花海觀光花市

美呆！后里「蟹」！

景點資訊

中社觀光花市

📍 地址：臺中市后里區三豐路五段 333 號

📞 電話：(04)2557-6926

🕐 開放時間：9:00 ～ 18:00

🚆 火車：西部幹線「后里站」下車，再搭乘計程車至中社觀光花市。或「泰安站」下車，再往西步行約 20 分鐘後即可到達。左轉往慈湖方向後接臺七線直行，循指標前行即抵。

🚌 公車：搭乘「豐原客運」直達中社觀光花市下車。

　　「中社觀光花市」是全臺賞鬱金香必去的景點之一，同時也是目前中部地區唯一低海拔種植鬱金香成功的花市。每年一至三月，就能在此欣賞鬱金香花海美景。受到花期的限制，在這裡時時都能呈現百花齊放的美麗盛況，如夏日的百合花、向日葵、睡蓮、黃波斯菊，到了六月左右則有荷花。

　　值得一提的是，花海中的一些搭配造景，感覺如夢似幻，似乎沉浸在某個童話或小說裡的祕密花園中。除了夢幻花園外，園區內還設置了烤肉區、小型遊樂區和盆栽區，讓來參觀的遊客們有得看、有得吃、有得玩，還有得買回家，可以說是個多功能的觀光花市，十分適合親子一同前來遊玩，享受美好的天倫之樂。

　　花市前半部多為花卉盆栽、園藝資材、肥料、花器……等展售，需要的朋友們可直接到這裡來選購。大型室內烤肉場地，可容納約 800 人次，而且各類烤肉食材無限量供應，採完全自助式的用餐。園區也設置了小朋友最喜歡的兒童遊樂區，像是碰碰車、軌道小火車……等，而一旁則為室外的盆栽區，並有魚池可以讓孩子們看魚、餵魚。

　　接近入口最吸睛又最熱門的取景地標，應該就屬這園區裡的風車造景了。鬱金香是荷蘭的國花，鮮豔多彩且繽紛亮麗，各種顏色的鬱金香多采多姿，讓人彷彿置身歐洲荷蘭。

　　春意盎然的花花世界，想拍哪種花海美景，在這裡似乎都找得到，只見人手一臺相機快門按不停，每個背景都能拿來當做風景明信片那般耀眼。旁邊的大提琴和爵士鼓造景，不禁讓人聯想到 MV 拍攝的場景，感覺就是當中某個橋段會出現似的。若是這個感覺還不夠強烈，鋼琴的夢幻場景應可多加些分數，有點像是周董 MV 裡會出現的場景，因此不論是婚紗照或旅遊拍攝、自拍、IG、打卡，都是很不錯的取景點。

　　園區內為了增加拍攝婚紗照時的豐富感，還增設了白色小教堂，就連教堂外也精心打造了別緻的小信箱。教堂前還種了一片金黃色花海，更特別的是，這兒還有個夢幻的白色盪鞦韆，來搭配這祕密花園。

　　「中社觀光花市」北臨火炎山，南接泰安舊火車站、泰安鐵道文化園區、后里馬場及毘盧禪寺，周邊景點也很多，可以在行程上搭配安排，而且園區內不僅一年四季都有繽紛花卉綻放，還有特殊的歐式造景天然攝影棚，是不可多得的場景。加上空曠的場地、烤肉區與兒童遊樂區，是個適合全家一起出遊的好地點。

嘉義布袋高跟鞋教堂

全世界最大高跟鞋型建築物

景點資訊

嘉義布袋高跟鞋教堂

📍 地址：嘉義縣布袋鎮海興街 6 號

🕐 開放時間：09:00 ～ 17:00

🚌 **大眾運輸**：自嘉義火車站轉搭布袋線公車於「布袋加油站」下車，步行即可抵達。或搭乘「臺灣好行鹽鄉濱海線」至高跟鞋教堂站下車。

2016 年，「高跟鞋教堂」獲得金氏世界紀錄認證，為全世界最大高跟鞋型建築物，而在這藍色透明玻璃高跟鞋造型教堂的背後，有一段相當有意義的典故來源。故事發生在臺南將軍鄉有位王姓女孩，結婚前夕因烏腳病惡化截去雙足，於是婚事也告吹，最後在教會裡編織草蓆，孤獨一生。而「高跟鞋教堂」則帶著翻轉貧窮、走出幸福的喻意。

由於園區緊臨海邊，海風吹拂頗為強大，園內能遮蔽的地方相當有限，夏天來此地得多注意防曬工作。

「高跟鞋教堂」雖被稱為「教堂」，但它並非宗教場所，而是一個無宗教的西式結婚禮堂。教堂周圍以一座圓形的池塘圍繞，正好將教堂的藍色玻璃與碧藍天空映照在湖中央，呈現出一種寧靜之美，而教堂內則完全被碧藍色的玻璃圍幕籠罩。

看到園區大大的鑽石戒指，不免想到：「鑽石恆久遠，一顆永流傳」，又能和地面上石頭的標語呼應：「鑽石添長久」，看起來是個求婚的好地方喔！灰姑娘的故事最後，總是告訴大家過著幸福快樂的日子，而我們也將藉由現場的這臺夢幻馬車讓我們一起：「夢想成真」吧！故事的最終，幸福的兩人還可以手牽手「相約黃昏後」，一邊喝咖啡，一邊靜靜的欣賞這落日美景。

臺南烏樹林文化園區

烏樹林小火車親子趴趴走

景點資訊

烏樹林文化園區

📍 地址：臺南市後壁區烏樹里 184 號

📞 電話：(06)685-2681、(06)683-0671 轉 208

🕐 開放時間：09:00 〜 17:00

往烏樹林文化園區前可先到白河賞蓮，不過這裡正午的夏日豔陽超殺超毒，若沒有做好防曬功夫，大概馬上就會曬暈或曬傷。雖說如此，因晴空萬里，湛湛藍天，也使得荷花田裡的景色，綠的綠、紅的紅，鮮豔耀眼，放眼望去和清晨的荷園相比，別有一番氣象和好風光。

建於西元 1910 年的烏樹林糖廠，曾經是遠近馳名的白糖產地，而轄屬的烏樹林車站，亦曾擔任早期臺南縣後壁、白河、東山與新營都會五分車鐵道連結的樞紐。在日治時期曾因這裡生產的糖品質優良且風味獨特，獲得日本皇室採用，而有了「御用糖」之稱號。

西元 1983 年基於營業考量，結束烏樹林糖廠製糖業務，直到 2001 年，就讀於臺南藝術學院的研究生，源於對鐵道的熱愛，向臺糖呈送一份「開往烏樹林」的計畫書，從此開啟五分車的新頁。

鐵道文化園區是烏樹林糖廠內一項重要的展示，這裡有許多早期臺糖使用過的火車，其中的「勝利號」是某八點檔連續劇借用過的，特別吧！

五分車車廂採開放式的設計，可以沿途欣賞周邊不同的景致與作物，並且還能聽到風趣且詳細的解說。到達終點站時，就會原路折返。而在終點站月臺邊，有許多販售古早味食品的小舖，有興趣的朋友可以停下腳步來看看。

臺南柳營德元埤荷蘭村

不用坐飛機也能到荷蘭

景點資訊

德元埤荷蘭村

📍 地址：臺南市柳營區神農里新厝 100 號

📞 電話：(06)623-1896

🚗 自行開車：新營交流道→新營→臺 1 往柳營→鳳和中學旁南 110 左轉→南 112 走到底右轉

臺灣也有荷蘭村？是的，現在想看荷蘭風車，再也不用花大把銀子買機票飛到歐洲去了，在臺南柳營的「德元埤荷蘭村」，就將原汁原味的荷蘭景觀搬到了這。

「德元埤」位於柳營區附近，它是攔截龜子港排水上游 9 條支流而形成珊瑚狀埤塘，為一座平地的小型水庫。兩岸的農田種植許多水稻，在低窪的地方還生長一些菱角，為一生態資源豐富的埤塘。

「德元埤」風景清幽，荷蘭風車是這裡最醒目的地標。除了荷蘭風情外，更融入當地的特色景觀，周邊環境綠化也相當成功，再加上環埤步道及露營區的規畫，讓遊客到此處遊玩時，能夠倘佯在這恬靜的大自然明媚風光當中。

「德元埤荷蘭村」腹地相當廣大，而且綠化的相當優美，很適合帶著家人，特別是小朋友來這裡散散步，跑跑又跳跳。夏日傍晚的微風徐來，相當令人心曠神怡。還有一個重點，就是進來這裡完全免費的啦！有機會的話，不妨到此親自走一遭，體驗一下這片刻的慢活歐風喔！

臺南內政部移民署
臺南市第一服務站

驚！這童話故事的城堡竟然是……

景點資訊

內政部移民署臺南市第一服務站

📍 地址：臺南市府前路二段 370 號

📞 電話：(06)293-7641、(06)293-6210、
(06)293-6472

這座富麗堂皇的歐式城堡，想必應該座落在歐洲的田野之中吧？不不不！這下誤會可大了，這一棟美麗的建築其實是政府機關，而且是號稱全臺最美麗的公家機關——「內政部移民署臺南市第一服務站」。

適逢豔陽高照的好天氣，讓這裡更顯典雅美麗，色彩也更加飽和鮮豔。

「內政部移民署臺南市第一服務站」位於烏橋公園中，看起像中古歐式城堡的它並非古蹟，而是原本為出租給某西餐廳租期屆滿後，由市府收回管理。再加上一次次的環境美化以及民眾口耳相傳、報章媒體的傳播，讓這裡就成為了一處另類的拍照景點。

最後叮嚀大家，到此拍照請勿違規停車或缺乏公德心及秩序感，唯有如此，才能將美景繼續保持。

花蓮東華大學

親子同遊花東最美校園！

景點資訊　　　　　　　　　📞 電話：(03)863-5000

東華大學

📍 地址：花蓮縣壽豐鄉大學路二段 1 號

　　東華大學校園裡的歐式建築與廣大綠地，構成一幅花東縱谷的水彩畫，讓人一踏進校園就有種來到歐洲的錯覺。校園內的東湖與華湖相互輝映，湖畔周邊的典雅建築倒映在水面上，藍天、白雲及遠處山脈，剎那間交織成自然美麗的畫面。

　　華湖是校內最明顯的象徵，此地湖內水量穩定，也讓許多水鳥愛上這裡，成了牠們的棲息所在。而東湖面對行政大樓的右手邊，從景觀橋上眺望東湖，美麗的景色令人心曠神怡。湖畔的那一大片綠地草原，相當適合帶著小朋友一起來踏青郊遊，跑跑跳跳。草原上還有各種藝術創作作品，不僅提升此處的人文氣息，也讓這幅山水畫有畫龍點睛的效果。

　　然而這裡畢竟是個學術殿堂，來參訪的朋友們希望能發揮公德心，保持校園的環境整潔，也不要過度的大聲嬉鬧，以免打擾到同學們上課，且讓這幅美麗的山水畫作，能夠一直留存下去。

花蓮光復大農大富平地森林園區

最美縱谷花海與賞螢祕境

景點資訊

大農大富平地森林園區

📍 地址：花蓮縣光復鄉大富村大農路 31 號

📞 電話：(03)870-0870

🕐 **開放時間**：8:00 ～ 17:00

🚌 **大眾運輸**：在花蓮火車站或光復火車站搭乘臺灣好行縱谷花蓮線，於園區停車場下車。

　　「大農大富平地森林園區」位在花蓮縣光復鄉，原本是臺糖蔗田，後來因糖業沒落而讓這片美麗的大地荒廢，直到林務局與臺糖合作，在這裡進行大規模的綠色造林計畫，相隔十年後因草木復甦狀況良好，重新開放辦理熱氣球季活動。

　　之後又因生態環境復育極好，草木蔥蘢，也陸續引來各種鳥類，甚至螢火蟲也在這裡悄悄出現，形成了每年 3 ～ 4 月期間花東縱谷的賞螢祕境。據調查，園區內經常有各種動物出沒，哺乳類共有 6 種、兩棲類有 13 種、鳥類則有 56 種，可見這邊的生態相當豐富。

　　此外，「大農大富」的夢幻花海也是一大亮點，這麼夢幻優美的林相與景色隨著季節變化更迭，展現不同的風貌！由於這裡腹地廣大，遊園之前可以先了解一下「大農大富平地森林園區」花田景觀平面圖。另外，園區內設有停車場及廁所，相當便利。園區內也規畫了自行車道，遊客們可在附近租借自行車，或是向園區服務中心洽詢。

　　園區正中央景觀池前大大的「TAIWAN　愛心」的標誌，與背後那一整片景色搭配，如詩如畫，比起國外的知名景點有過之而無不及啊！

　　隱身花海中的「趣味拼字牆」，可以讓遊客們自行排列，站在遠處看著老老少

少共享天倫之樂，一起發揮各自的想像與創意，排出自己設計的字幕，除了感到有趣之外，心中還有種幸福與感動。

金黃色的油菜花田，主要會出現在 1 ～ 2 月初之間，主題花卉區則以其它種類的花卉來搭配，到了 3 ～ 4 月期間，這兒就接著推出賞螢活動了，而秋冬到這兒還可以見到周邊森林轉成紅葉、黃葉的那般秋色。

「大農大富」園區整體規畫以低碳、低密度、低開發的「三低」理念，並朝著符合生態、節能、減碳、健康的原則，因此在園區內可以看到很多裝置藝術，不僅美觀鮮豔而且創意十足。就連周邊的涼亭設計也採用木頭、竹子及乾稻草等環保材質來打造。

「大農大富」以繁星似的當季草花，加上自然形態的線條與圖騰，打造出如夢似幻的主題花海，剎時間讓人有種「花香鳥語飄滿村」的古人情懷。另外，像是之前的「國際青蛙日」，園區的「蟻窩」還會備妥相關環境教育遊戲，讓親子間一起同遊，現場還有交響樂可聆聽，最後還讓大夥帶回正確的環境保護概念，真是一舉多得的活動！

為了保護生態，每年 3 ～ 4 月的賞螢季皆有人數與區域上的限制，想參加的朋友要留意相關訊息。「大農大富平地森林園區」可說是幅員廣闊、動線順暢，相當適合來此度假喔！

臺東池上花東縱谷遊

I see You 花東熱門景點巡遊

景點資訊

池上鄉農會金色豐收館

📍 地址：臺東縣池上鄉新興村 7 鄰 85-6 號

📞 電話：(089)865-936#40

🕐 開放時間：9:00 ～ 17:00

由於長榮航空「I see you」的廣告，捲起了一股「金城武」旋風，而其中的「金城武樹」，也帶動當地觀光而成為臺灣熱門的景點。

沿著花東縱谷前進，就能將伯朗大道、金城武樹、池上鄉農會四季花海……等秀麗景色一網打盡。每年約元旦後至春節這段期間，池上鄉大多會被金黃油菜花田所覆蓋。

原本的一條鄉間小路，因咖啡廣告的取景而大受歡迎，甚至還有「翠綠的天堂路」之稱。每當休耕時節，一望無際黃澄澄的油菜花田，路旁沒有一支電線桿，讓來此的人們真真實實感受到花東美麗的田園景色。

令人心曠神怡的美景，配合暢快的跳躍，正好是放鬆心情的寫照。當然在這鄉村田野間，若來個低碳環保的自行車旅遊，健康又有趣。

附近的「池上鄉農會四季花海」就在「池上鄉農會休閒米廠」與「金色豐收館」那兒，此處結合了碾米加工製程、米食 DIY 體驗與池上農事體驗活動等，而形成兼具教育與休閒的景點。

金色豐收館號稱全臺唯一結合精緻碾米加工與稻米教育的觀光工廠，內含文物區、體驗教室，並有免費預約導覽與禮品展售等服務。戶外廣闊的四季花海結合了各種造型花卉及花藝造景，形成「悠遊縱谷，阡陌花田」那般的悠閒景致。

在這米樂園大地畫布裡，遍布琳瑯滿目的花卉品種，當中有非洲鳳仙花、四季

海棠、大波斯橘、黃波斯菊、鼠尾草和青葙等數萬株,特別是園內的觀景臺附近,可一覽全區的樣貌,美不勝收。再利用多種花卉及顏色的特性,在大地畫布上設計這美麗花海,又搭配生態水池、稻田區與水生植物水漣放射狀的造型,以及寬廣的步道迴旋其中,遠觀就像一幅美麗的畫作。

　　一路循著花東縱谷的路線向前行,美景不斷,火車劃過了這片金色大地,多了畫龍點睛的感覺,當然必須慢下腳步才能細細品味。花東縱谷的絕美景緻四季各有千秋,除了金黃的油菜花田,不同的時間前來也可以看到金黃稻穗或是綠色大地連天的美麗景象。有機會不妨避開假日人潮,到這裡放鬆一下吧!

臺東長濱金剛大道

媲美伯朗大道之大洋路祕境

景點資訊

長濱金剛大道

📍 地址：臺東縣長濱鄉東 13 鄉道（長光產業道路）

📞 電話：(089)832-139

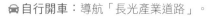 自行開車：導航「長光產業道路」。

🚌 大眾運輸：搭乘鼎東客運海線 8101、8102、8105、8119、 花 蓮 客 運 1127、1145 公車於長光站下車後，沿臺 11 線北上方向約 200 公尺轉入忠孝路續行約 1 公里即可到達。

在臺東縣長濱鄉「長光梯田」（長光部落）附近，有著一處媲美「伯朗大道」海天連線的祕境，特別是夏天時分一望無際的黃金稻浪，搭配道路盡頭便是壯闊的太平洋，這個地方就是「金剛大道」。

「金剛大道」位於臺 11 線約 85 公里處的東 13 鄉道，是忠勇自行車道的一部分。為什麼這裡被稱為「金剛大道」呢？主要是此處位於西側海岸山脈的「金剛山」，而「金剛山」的名稱來自於這裡的山勢地形，在天光雲影交錯變換下彷彿一隻大猩猩矗立在山頭那般因而得名，也成為長光社區的地標。

沿著長光產業道路一路往西直行，筆直的「金剛大道」兩旁伴隨著橫無際涯的梯田，就像是另一版天堂路的池上伯朗大道，望向盡頭的海岸線，心曠神怡恐怕還不足已形容此刻的悸動，唯有享受當下的美好才是真實的！

除了無垠的海景，之字形的田間小路與峰巒疊翠的山景，又形成另一幅風景畫。打算到「金剛大道」探祕的朋友，不妨就近尋找適合的民宿住一晚，隔天一大早來這兒晨騎拍照，再搭配臺 11 線上的各個景點，也是很棒的一種體驗。最後提醒大家進入部落社區內請放低音量，避免干擾在地居民作息，也不要為了拍照而破壞稻田，保持環境整潔才能讓這樣的美景長存。

臺東豐源國小

我發誓！這裡不是民宿，也不在歐洲！

景點資訊

☎ 電話：(089)322-063

豐源國小

📍 地址：臺東縣臺東市中華路四段 392 號

哇！那麼夢幻的希臘風建築，竟然是國小校園？仔細看看四周校舍傾斜屋頂的設計除特色，除了美觀外，還能避免積水，清爽的色調讓孩子們在這裡讀書，莫不心曠神怡，彷彿每天都置身在度假中心上課般。

白淨素雅的氛圍，更是許多婚紗照取景的指定地點，穿堂設計也別具風格。操場一旁還有許多遊樂設施，包含一座超長溜滑梯。想當然爾，小朋友只要看到這座溜滑梯，是不可能放過的，一定要好好的在這兒瘋玩一下！

不過隨著人潮的增長，也漸漸衍生一些問題。一些遊客缺乏公德心，到此欣賞完美景卻留下垃圾和髒亂，就連校內的白牆壁也被很多人踢髒。所以學校已經在思考是否要停止開放參觀，或改採預約參觀的方式進行。

參觀景色優美的豐源國小，若未能發揮公德心，一定會對這裡造成不良的影響。因此呼籲想要前往的朋友，要享受美景，也要發揮國民道德。參觀時請保持校園的安靜，自己帶去的垃圾離開時請務必帶走，也不要隨意破壞既有的景觀，更不要打擾校內的同學。

臺東加路蘭遊憩區

東部

被大風吹著玩！

景點資訊

加路蘭遊憩區

📍 地址：臺東縣臺東市富岡漁港往北走 1 公里

🚌 大眾運輸：搭乘鼎東客運海線 8101、8102、8103、8109、8119、8120、8122 次公車（往成功、長濱、靜埔方向），或台灣好行東部海岸線，於加路蘭站下車，即可到達。

　　「加路蘭」位在臺東小野柳附近，有著 180 度漫無邊際的海景，是個聽濤觀海、休憩散步的好地點。這裡不僅有一群藝術創作愛好者將它打造成為手創市場的據點，還有一大片草坪、休息涼亭、解說站以及觀景臺，更特別的是園內展示著許多漂流木所組成的裝置藝術作品，像是外表為兩條魚的「我的好朋友」，以及「風車組」、「哭泣的露珠」、「類窗櫺」、「日昇之舞」……等。不僅將這裡的自然美表現出來，也將這裡的文氣息擴散開來了。

　　「加路蘭」在阿美語中的意思是指洗頭髮的地方，又因為附近的小溪富含黏地礦物質，洗髮後自然潤濕亮麗，再加上附近的猴子山，曾有阿美族勇士為保護家園而殉難，之後被阿美族人視為祖靈聖地。

　　站在加路蘭制高點的土丘上，可遠眺都蘭灣與都蘭山，轉身向後可看到阿美族人視為祖靈聖地的猴子山，若天氣良好、能見度夠，就連綠島也可盡收眼底了。由各種不同角度來欣賞「加路蘭」海岸，能讓人體會不一樣的壯闊之美，但是另一邊就是懸崖峭壁，也得多加小心。

　　後面這像豎琴的裝置藝術主題名稱為「與風合唱」，它以豎琴為意象，來作為頌讚山海的概念。仔細觀察琴弦上的小風車，就好比是童年時期對風最具體的想象和音符的象徵，如今因時空轉換，但山海依舊，大環境卻已改變，一切理所當然的美好，都可能不再繼續，希望能迎風而立，希望能珍惜當下。

　　一整排的藝術作品佇立著就像是過去生活在這的民族一樣，辛勤的在潮間帶工作，也是特別要向海洋、潮汐、朝陽和月昇致敬的代表意象。另一項作品真的很吸睛，主題名稱為「在海邊看書，好嗎？」椅子就像是人們休息的倚靠，就像是我們到東海岸來休息放鬆一樣，而創作者將作品展示在海邊的目的，就猶如海浪般的椅子要讓我們坐下休息一般，感受海風拂面，聽濤觀浪進而放鬆心情再出發。

　　正如電影《阿甘正傳》的經典名句：「人生就像一盒巧克力，你無法得知你將得到什麼。」人生就如同一本書，需要一頁頁仔細閱讀，無論開心或難過，都得慢慢感受，而「旅行」是體驗人生過程很好的方式之一，當我們鼓起勇氣要跨出那第一步時，就像是即將衝開的嫩芽，生命力十足！

　　「加路蘭遊憩區」和「小野柳」、「臺東海濱公園」等景點在同一條路線上，行程規畫時可將其列入參考，往北走可到都蘭、東河包子、成功附近，而往南則有太麻里、多良或是市區的琵琶湖，也都是個好選擇喔！

臺東比西里岸幾米園區

帶我們一起「走向春天的下午」

景點資訊

比西里岸幾米園區

📍 地址：臺東縣成功鎮三仙里白蓮路

📞 電話：(089)854-434

🚌 大眾運輸：搭乘鼎東客運海線 8101、8102、8105、8106、8119、8181、花蓮客運 1127、1145 公車於白守蓮站下車，往海邊步行約 200 公尺可到達。或搭乘臺灣好行東部海岸線於三仙臺遊憩區站下車後沿海濱道路步行約 700 公尺可到達。

幾米的插畫繪本想必眾所皆知，甚至成了各地觀光朝聖的熱門景點，像是宜蘭火車站旁幾米廣場、宜蘭星空火車、臺北 101 信義房屋總部月亮公車、臺北捷運南港站地下鐵……等等，不勝枚舉。而在臺東縣成功鎮三仙社區裡頭的比西里岸，也有一處幾米留下的「走向春天的下午」。

「走向春天的下午」主要描繪了一個小女孩帶著對朋友的回憶去履行和朋友約定的故事。幾米運用他童真的筆調與他對孩子心思的細膩了解，將一個小朋友成長的心靈過程，溫暖呈現出讓人感動的畫面。

「比西里岸」是臺東縣成功鎮三仙社區附近的一處小部落，代表的意思是「養羊的地方」。但因時代轉變，人口外移，羊群變少，後來遂開始推動社區營造。當我們一進到「比西里岸」時，首先映入眼簾的就是那木作羊群裝置藝術，並藉由幾米作品在臺東展覽之際，將作品中「走向春天的下午」的小女孩背影分別彩繪於部落中 11 處的角落裡，利用這樣有趣的方式，讓來到「比西里岸」的遊客們可以藉由尋找小女孩背影而深度探尋部落的美好，實現一次深度的文化之旅。

由於彩繪的地方大多出現在住宅區附近，因此進入部落內尋找小女孩的背影可別過於興奮而大聲喧嘩，也不要未經主人的許可就隨意亂拍。除了木作羊群裝置藝術外，一旁的小屋前剛好就是幾米插畫中的代表人物之一。站在大型羊雕旁，仔細看看牠正在凝望的方向，似乎就是不遠處的三仙臺，此時厚厚的雲層中透出些許陽

光，感覺太陽公公想幫幫我們照亮前方似的。

　　剛與大兔子才邂逅沒多久，我們馬上就發現了一個小女孩的背影。往社區裡頭探祕，不難發現有些壁畫是村民自動自發畫的，在找尋幾米的作品中，也增加了一些豐富性和趣味感。

　　我們在尋找的過程中，也見識到原住民的熱情和人情味，如果沒有他們的提醒，很難讓我們在短時間之內探索到那麼多，而且和他們聊上兩句，心情總會特別開朗。另外，「比西里岸」部落內也不乏一些特殊的建築，就連自家牆上的彩繪也是相當用心。部落除了木頭羊，還有飛魚屋、寶抱鼓表演、高臺、大海以及一群熱情的族人，他們將要重現比西里岸部落養羊的風光。

　　「比西里岸」離三仙臺不遠，帶著孩子一起在部落裡散步，訓練觀察力與專注力，是最適合不過的了！

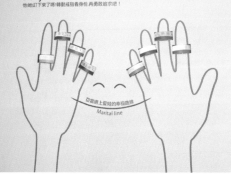

戴戒文化
Do you know what it means?

您她訂下來了嗎?轉動戒指看身份,再勇敢追求吧!

亞當德上最特的幸福曲線
Marital line

Part 2

樂爸：「這不是工廠啦！」

觀光娛樂一把罩！
全家一起爽爽玩！

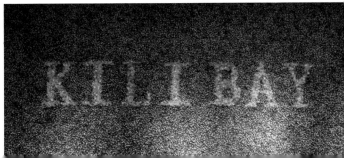

林口光淙金工藝術館

打造專屬的鑰匙圈！

景點資訊

光淙金工藝術館

📍 地址：新北市林口區粉寮路一段 104 號

📞 電話：(02)8601-4430

🕐 開放時間：09:00 ～ 17:00（週一休館）

💲 費用：每人 200 元，可抵賣場消費，並贈送 DIY 課程。

🚗 自行開車：國道一號五股出口下，往五股方向接登林路往林口即可到達。

🚌 大眾運輸：臺北客運 920、三重客運 1210、936 公車於醒吾科技大學站下車。

　　觀光工廠已成為旅遊新趨勢，許多工廠紛紛轉型，結合觀光與體驗參訪而再造商機。「光淙金工藝術館」就是從這樣的契機中孕育而生，這座原本位在傳統工業區的老工廠，如今煥然一新，並致力推展觀光工廠的活動。

　　「光淙金工藝術館」位在林口工二工業區內，也就是在醒吾科技大學附近。進入接待大廳內，我們馬上就被裡頭的氣氛所吸引，誤以為進入一家高級精品店。「光淙金工藝術館」以金工為主題，獨特性十足。值得一提的是，穿堂裡的那些有趣雕像，各有不同的風格，也頗具歐風氣息，增添了這裡的文藝氛圍。

　　探索光淙的第一站，牆上展示了許多金工工具的模型與金屬材質展示，另一頭的牆上則是述說著光淙的歷史。一邊參觀一邊聽著導覽人員解說，還可看到許多自動化設備與工作機臺，其中還有近來很夯的 3D 印表機。

　　經由導覽人員的講解，讓我們了解了整個金工的製程，如何經由設計、打版、開模、精密鑄造和拋光等過程，來完成一件件美麗的成品。另外，還會介紹珠寶知識與教授保養方法，甚至可以拿出身上的飾品，現場免費幫你清潔保養喔！

　　來到「多媒體互動空間」，最醒目的莫過於牆上的戴戒文化，這裡還設置了一座小型電影院播放介紹影片，還有最受小朋友喜愛的體感遊戲互動區，讓現場每位小朋友一玩再玩，意猶未盡！

　　結束了導覽行程，接下來是「金工體驗教室」的體驗課程囉！在製作前，老師會仔細講解每個環節，並會進行有獎徵答活動。大夥敲敲打打與塗塗抹抹一番之後，完成了最得意的作品，最後在上頭打上英文字母，並將剛剛上色過的娃娃烘烤後，就能與所有配件結合，那麼「一起看雲去」的鑰匙圈就完成了。

　　「光淙金工藝術館」的整體規畫，不論是環境、服務、解說與課程的安排都相當用心，經過半天的金工洗禮，不管是大人或小朋友，應該都能對金工方面的知識上獲益良多。相當適合家庭出遊、學校、機關團體出訪，或是三五好友相約遊玩，不僅能獲得知識，還可以把自己製作的成品帶回家紀念，非常很有意義。

桃園祥儀機器人夢工廠

體驗鋼鐵擂臺與 DIY 的樂園

景點資訊

祥儀機器人夢工廠

📍 地址：桃園市桃園區桃鶯路 461 號

📞 電話：(03)362-3452

🕐 開放時間：平日（採預約制）：9:00 ～
17:00 ／假日：10:30 ～ 17:30

💲 費用：250 元

　　「祥儀機器人夢工廠」是全臺第一間機器人觀光工廠，入內參觀得先行購票，
售票處就位在工廠大門旁的萊爾富便利商店內。為維持參觀與體驗的品質，在這裡
也有場次與人數限制的安排。

　　「祥儀機器人夢工廠」主要共分為五大區域，分別為產品區、再生能源利用區、
家庭智能化專區、互動體驗區以及機器人演進史區。走出「時空隧道」後，走道二
旁佇立著造型可愛的各式機器人模型，而一旁的牆上還有著一幅超大型機器人主題
壁畫。室內展區的第一站——「機器人廣場」，這裡最受大家歡迎的就是「鋼鐵人」
了，而「三太子機器人」以及多采多姿的「民族機器人」，也是另一個吸睛焦點。

　　一進入「產品區」，導覽人員馬上請「迎賓機器人」進行一段「迎賓舞」來歡
迎大家。除了有趣的「迎賓機器人」外，這一區主要展示著各種機器人的相關零件
與產品。到了「機器人演進史」展區，透過導覽人員詳盡的介紹，對機器人發展歷
程有更深一層的認識。具有 28 軸的魔蠍大帝，為祥儀研發的機器人中軸數最多且自
由度最高的。

　　除了與來賓互動的機器人外，館方還委請藝術家創作出各種宛如工藝精品造型
的特殊機器人，在智能居家的模擬環境，許多家具或用品皆能透過機器人的智能設
計，讓大家體會未來智慧家庭的面貌。

　　在「互動體驗區」中，包括了會玩遊戲的黑白配機器人、可載客的潛水艇機器

人、會救難的救難機器人、可進行足球體驗大賽的雙足機器人……等，都可以和來賓進行不同的互動體驗。

此外，泰迪熊導覽型載客機器人除了有導覽功能以外，還可讓來賓們搭乘，沿著磁軌行走不但可確保安全性，還能沿途介紹導覽物品，欲搭乘者只須至指定地點排隊即可，一趟行程約 3～5 分鐘左右。

看過電影《鋼鐵擂臺》嗎？趕快化身為電影裡的主角，來一場機器人擂臺賽吧！透過體感鏡頭的感應，當我們四肢進行活動時，擂臺上的機器人也用以相同的動作進行，感覺就和電影裡的情節一模一樣！

販賣區二樓可進行「月熊鋼鐵機器人」的 DIY 組裝，組合裝飾好的「月熊鋼鐵機器人」，就能上擂臺與老師的機器人進行 PK 擂臺賽囉！

桃園麗嬰房采衣館

「DIY、兒童變裝攝影沙龍」玩透透！

景點資訊

📞 電話：(03)354-4417

麗嬰房采衣館

📍 地址：桃園市蘆竹區海湖村海山中街 8 號

　　「采衣館」就在蘆竹海湖坑口工業區內，門口的藍色小象公仔 Peace，是「采衣館」的象徵，館方貼心的設置了合影專區，讓每位參訪者皆能留下美好的回憶。

　　一樓為「麗嬰房」的企業簡介與「小象福利社」，「小象福利社」販售各種麗嬰房專屬紀念品，樣樣可愛又新奇，讓小朋友們愛不釋手。進到采衣館，能體驗「一件衣服的旅程」的精彩故事，藉此瞭解產業文化、品牌、設計製衣流程。

　　二樓為「小象 DIY 教室」，DIY 的課程有五種：便當袋 DIY、彩繪提袋、小象布偶、彩短 T-shirt、長 T-shirt，也有裝飾較多的「小象布偶」。教室空間十分寬敞，能讓親子一起動手做出獨特風格的商品。教室四周設有「創意自動販賣機」與「創意扭蛋機」，可挑選各式各樣的小配件及素材，加以裝飾自己的作品，讓我們的創意獨一無二。

　　三樓的學習主題展示區有一座「小象劇場」，由麗嬰房采衣館的小主人 Peace&Hope 帶來精彩的冒險故事，帶大家一同進入奇幻的衣服旅行，體驗有趣的旅程。在打開燈光後，剛剛的電影院瞬間變成展示秀場，專業齊全的後臺設計，讓小朋友真實體驗當名模的快感。小朋友可到更衣室挑選自己喜歡的服裝進行換裝，還可以委請館方攝影師幫小朋友進行沙龍攝影。

　　展區內還有個「挑馬克遊戲區」，讓親子一同體驗排版，比比看誰可以最快把衣服的版型排在黃色的布裡面。本區角落還有個「互動式多媒體遊戲區」，有個特

別的紙娃娃系統，可以動手體驗並且設計完成一張屬於自己的服裝設計圖稿。拍照後就能在電腦上幫自己換上不同的衣服，讓參與者體驗設計師的工作。

另一邊還有個「布可布知」認識布料展區，可以直接觸摸每一種布料的觸感差異，進而認識各種不同的布料。往後面走可參觀「衣服生產線」，以近距離看到一件衣服是如何製作完成的。這裡還有個「偷窺走廊」，從牆上的小洞洞可以看到小象裁縫室正在車縫新衣，讓我們了解布材車縫完成一件衣服的過程。

接著來到「歡樂拍照區」，這裡設計了一些可愛的背景，讓換裝後的孩子更顯活潑有趣。「設計師房間」是以粉紅色為主要色系展現，展示了許多設計師專屬的道具，如裁縫車、捲尺……等，還有各種裁縫線材，可以讓孩子觸摸感受，彷彿自己就是個服裝設計師。

在麗嬰房采衣館不僅可體驗 DIY 的課程，還可進行變裝的沙龍攝影，又能獲得製衣的各種知識，想參訪的朋友最好事先預約。

桃園義美食品觀光工廠

哇！工廠內也有兒童樂園！

景點資訊

義美食品觀光工廠

📍 地址：桃園市蘆竹區南工路一段 11 號

📞 電話：(03)311-7525、(03)322-2406 轉 883

🕐 開放時間：09:00 ～ 17:00

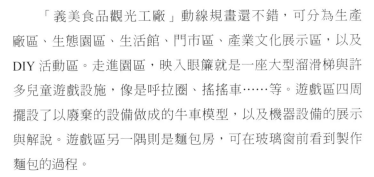

　　「義美食品觀光工廠」動線規畫還不錯，可分為生產廠區、生態園區、生活館、門市區、產業文化展示區，以及 DIY 活動區。走進園區，映入眼簾就是一座大型溜滑梯與許多兒童遊戲設施，像是呼拉圈、搖搖車……等。遊戲區四周擺設了以廢棄的設備做成的牛車模型，以及機器設備的展示與解說。遊戲區另一隅則是麵包房，可在玻璃窗前看到製作麵包的過程。

　　而一樓室內是義美的產業文化走廊，隔壁則是紀念品販售區。地下室介紹了許多節慶禮俗的由來、人生禮俗、二十四節氣……等，還有各種生產設備的展示，內容多元而豐富。

　　DIY 課程活動是這裡的一大亮點，其中有手工小西餅 DIY 與蛋糕彩繪課程可供選擇，可利用造型模組來製成各式成品。接著請老師將成品送入烤箱烘烤後，再於指定的時間來領取。若是想參加 DIY 課程或是參加園區導覽服務，一定要提前預約。

　　工廠大門入口處設有門市，販售義美相關食品，除了熟知的餅乾禮盒外，還有滷味、麵包……等。而餐廳有兩層樓，一樓的港式料理餐廳相當熱門，適合人數少的客人使用，若是要吃大合菜，可至二樓區域享用餐點。

桃園南僑觀光工廠

回到小時候的記憶

景點資訊

南僑觀光工廠

📍 地址：桃園市龜山工業區興邦路 35 號

📞 電話：(03)263-0264

🕐 開放時間：09:30 ～ 17:00（須五日前預約）

相信「南僑水晶肥皂」是陪伴許多人成長的記憶，如今他們也成立了自家的觀光工廠。

首先到「榮工館」聽取導覽員的介紹，沒想到南僑除了肥皂外，其油脂還用來製作餅乾等食品。另一項引以為傲的「常溫米飯」，還貼心細分成一般人食用的「御米飯」，以及適合糖尿病患者食用的「膳纖熟飯」。還有杜老爺冰淇淋、比索俄羅斯冰淇淋、讚岐急凍熟麵……也都是出自南僑，跨足的事業版圖幾近囊括我們的日常生活。

DIY 體驗活動有打皂印、冠軍小籠包 DIY、特製蛋塔 DIY、披薩 DIY、卡比索蜜糖吐司 DIY、小丑冰淇淋聖代 DIY、泰式青木瓜沙拉 DIY、泰式春捲 DIY，以及淇幻棉花派 DIY 等。課程結束時，還會頒給小朋友 DIY 認證獎狀喔！

最後還有特別的「四面佛禮讚區」，參觀的朋友們可以在此祈福。綜觀整個參觀行程，主要有四面佛禮讚區、創辦人紀念館──榮工館、油脂工廠參觀走廊、水晶肥皂體驗室、各類 DIY 活動以及餐飲區，除了有美食饗宴外，還有寓教於樂的免費參訪行程，特別是一些肥皂的相關知識，加上小朋友最喜歡的 DIY，有得吃、有得體驗，還有得看，真是多元趣味的景點。

苗栗雅聞香草植物工廠

蕭敬騰的美麗肌密所在！

景點資訊

雅聞香草植物工廠

📍 地址：苗栗縣三義鄉西湖村八櫃 42 號

📞 電話：(037)879-818
🕐 開放時間：8:30 ～ 17:00

「雅聞香草植物工廠」位於苗栗的三義西湖，大門以粉筆彩繪的圖像歡迎遊客到來。綠意昂然的美麗環境，讓人心情放鬆不少，沿步道兩旁的小屋裝飾，為這兒增添了溫馨氣氛。仔細環顧四周，還擺設一些類似峇里島的石雕裝飾，讓人有種置身在東南亞的錯覺。

「品種玫瑰園區」不僅栽種了各式美麗的玫瑰，還搭配了日式庭園造景，十分雅緻。接著繼續朝著體驗館及植物工廠的方向前進，途中會經過紅磚式的庭園造景的「茶花觀賞區」，又是另一種中式風味。進到體驗館前一定會被門口前這處「薰衣草園區」所深深吸引，特別是園中的白色風車再搭配造景的小木屋，形成一股濃濃的歐式氛圍。

體驗館提供各種商品試用，可以試用後再決定是否購買。而另一邊的簡報教室，由專人向大家介紹雅聞企業的品牌故事，而「植物工廠」裡頭展示著以 LED 為光源所栽種的各種蔬菜。據園方指出，這些蔬菜皆無受到細菌與灰塵污染，可以讓遊客直接買回家當生菜沙拉食用。

若是肚子餓了，還能在這裡好好享受一餐，並感受一下這兒的綠色幸福，因此能夠從喧囂的都市來到這裡接受芬多精的薰陶，也是個難得的體驗。

臺中后里張連昌薩克斯風博物館

不只是音樂殿堂！

景點資訊

張連昌薩克斯風博物館

📍 地址：臺中市后里區公安路 330-1 號

📞 電話：(04)2556-2363

🕐 開放時間：09:00 ～ 17:00

💲 費用：平日每人 50 元／假日每人 100 元
（可抵 50 元消費）。

　　「張連昌薩克斯風博物館」館內總共規畫了 16 個主題展示區，就像一座音樂故事屋，述說著張連昌先生製作樂器的心路歷程，也提供有趣的 DIY 課程體驗。

　　張連昌先生原本是一位畫家，熱愛音樂的他自行摸索樂器製造原理，竟無師自通成功打造出臺灣第一把薩克斯風，相當令人欽佩。參觀過程不僅能了解這個四代傳承的薩克斯風世家，又能認識薩克斯風的源起與歷史。

　　角落展示著各種薩克斯風的立牌，從高音、中高音、中音、次中音、上低音……等，其中一支上頭還由張連昌先生刻畫了一隻栩栩如生的「龍」，真可謂是融合了畫家與工藝家二者的技藝。參觀過程可以了解薩克斯風的組裝與包裝過程、薩克斯風製作的工法，以及吹奏薩克斯風的祕訣及方法。

　　館內一隅還設了一間兒童繪本館，可以讓小朋友在此閱讀相關繪本。館內禮品區同時也是 DIY 課程報名處，像是 DIY 鑰匙圈，是利用薩克斯風的音孔蓋，將自己喜愛的圖案彩繪畫在鑰匙圈上，再將圖形噴砂處理成形，做成屬於自己的鑰匙圈。

臺中木匠兄妹

小小木工親子體驗趣!

景點資訊

木匠兄妹

📍 地址:臺中市后里區舊圳路 4-12 號

📞 電話:(04)2559-0689

🕐 開放時間:09:00 ～ 17:00

🚗 自行開車:國道 4 號往東勢方向→后豐出口→左轉過后豐大橋直走 500 公尺→左轉舊圳路 2 分鐘即到達。

🚌 大眾運輸:豐原客運 213、215、92 往大甲方向於枋寮站下車,過馬路至對面舊圳路步行約 5 分鐘到達。

　　近來許多工廠紛紛轉型為觀光工廠,讓傳統產業得以另一種型式融入生活之中,特別是當中的體驗課程,更能讓孩子在課餘認識各行各業。位在后里的「木匠兄妹」,就是一度倒閉的傳統木工廠轉型而得以重生的觀光景點。

　　「木匠兄妹」位在一大片金黃稻浪旁,外觀只是在田邊一座不起眼的鐵皮工廠,然而柳暗花明又一村,卡通造型的人形立牌彷彿歡迎每位到訪的朋友,就連門口的信箱也頗具巧思。這裡的英文名字為「Carpenter」,應該是向知名的「木匠兄妹合唱團」致敬吧?

　　廠區到處都是琳瑯滿目的木製工藝品,包括木製的象棋組合、可愛動物的木製時鐘與桌曆、小木頭車、檜木筷子的 DIY 介紹,還有將這裡最受歡迎的前五項作品分別做了排名展示,就連知名的卡通人物櫻木花道也都化為精緻的木工作品。簡介牆搭配一些可愛造型的木工小板凳,將原本只是一座單純木工廠,升級為工藝品的展覽館。

　　小朋友可以在文創商品販售區預先挑選想要 DIY 的木工作品,把所需工具準備好之後,現場人員會採引導的方式,仔細講解如何組裝,也會讓孩子親自製作體驗。接下來就是一連串的敲敲打打、貼貼黏黏,再栓緊各個螺絲,無形中也訓練了孩子的空間組合概念及手眼協調的能力。組好後還可以選擇喜歡的顏色加以裝飾,若不熟顏色的變化也沒關係,教室的牆上還有以不同顏色的木槌教大家顏色如何混合。

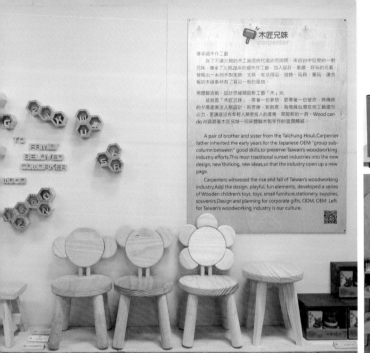

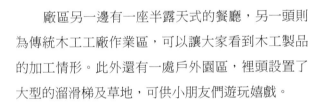

廠區另一邊有一座半露天式的餐廳，另一頭則為傳統木工工廠作業區，可以讓大家看到木工製品的加工情形。此外還有一處戶外園區，裡頭設置了大型的溜滑梯及草地，可供小朋友們遊玩嬉戲。

這裡不單適合親子家庭，情侶也可以來此合作完成一個屬於兩人共同回憶的紀念品喔！到「木匠兄妹」認識傳統木工工藝，看見老師傅們的精湛技術，再一同體驗 DIY 的樂趣，讓大、小朋友快樂做出自己的手作作品，還可以在這裡吃吃喝喝、蹦蹦跳跳，一家人共同留下美好的假期回憶。

臺中臺灣汽球博物館

同遊瘋汽球！

景點資訊

臺灣汽球博物館

📍 地址：臺中市神岡區大豐路五段 505 號

📞 電話：(04)2528-4525

🕐 開放時間：09:00 ～ 17:00（請先至官網預約）

雖然許多產業紛紛外移，不過仍有一間堅持根留臺灣的橡膠氣球工廠——大倫氣球，為了讓更多人了解氣球產業，於是成立了「臺灣汽球博物館」。

參觀行程有三種可選擇，每種行程都有名額限制，建議事先線上預約行程，才能玩得更盡興。導覽時除示範各種汽球變化外，還會進行有獎徵答，藉此認識氣球的製造流程與各種相關知識，既生動又別具意義。

接著進行「手工氣球 DIY」，透過輕鬆有趣的介紹，讓我們輕鬆製作汽球。此外，這裡也特別推出「季節限定 DIY」，由現場人員教大家做出好玩的造型氣球，春季推出的是花花蝴蝶 DIY、初夏限定版的米奇米妮球柱 DIY、夏季限定的海洋世界 DIY，以及我愛地球限定的南極系列 DIY 與聖誕節限定聖誕節系列 DIY 等，各有不同的趣味。

若有報名氣球遊戲，就會繼續前往趣味競賽，利用各式氣球設計不同類型遊戲，透過緊張刺激的分隊競賽方式進行，只有發揮互相合作的精神及默契，才能拿到好成績！

最後，樂爸特別推薦大家夏天不能錯過的活動就是緊張、刺激、清涼暢快無比的水球大戰，這可是夏天限定的哦！

雲林大同醬油黑金釀造館

親子好遊 DIY！

景點資訊

大同醬油黑金釀造館

電話：(05)557-3636

開放時間：8:30 ～ 17:30

地址：雲林縣斗六市斗工二路 39 號

　　在雲林西螺，除了武術、稻米與布袋戲外，最具代表性的特產就屬西螺醬油了，大同醬油幾經努力，在斗六工業區內成立了「大同醬油黑金釀造館」。一進到廠區，便有服務人員引導停車，而在停車場另一頭的圍牆邊，一列列整齊排列的醬缸壯觀醒目。

　　第一站來到「時光走廊」，訴說著大同醬油成立至今的百年興衰史，彷彿讓我們一起回到那個質樸的年代。接著來到倉庫，放眼望去可以看見「大同醬油」的各項相關產品。再跟著導覽人員參觀「文化室」，這裡所展出的內容有傳統醬油釀造方法、醬油膏勾芡材料、傳統技術與現代設備的結合、嚴謹品質衛生把關、醬油的歷史、認證、得獎證書。隔壁「文物室」則展出早期醬油賣法、早期釀製醬油的工具、早期醬油瓶綁法、早期業務兜售醬油的工具。

　　接著來到「醬油製程區」，可以看到採用生技技術釀製、安全庫存量、黑豆醬油製作流程、採用高溫殺菌、自動化壓蓋機、充填機、壓力鍋、自動化貼噴標機、禮盒裝箱方式，以及充填室裡的運作情形。

　　這裡的「展售區」有個相當有趣的特色，就是有座全臺最大的古早味碗筷，還有全臺最大的醬油瓶。另一個角落則為 DIY 教室區，有手工醬油 DIY 和米餅 DIY 可供選擇，對於喜歡烹飪的朋友，應該會對展售區裡的各種產品極感興趣。

　　有趣的是，這裡還設置了「競速卡達車」，讓參觀者可以透過這項互動遊戲，更深一層了解醬油的製程。另外，還有問答王的互動遊戲，正好可以考驗小朋友今天參觀的心得。

展售區外則是可以讓大家解解饞的「食堂」，販售的料理大多以自家生產的醬油來調味或當基底而烹煮成，像是蔭瓜仔肉飯、滷豆干……等，不過樂爸覺得較特別的是「黑豆冰淇淋」，共有三種口味：青仁黑豆、巧克力與香草。其中「青仁黑豆」口味有點像是豆漿的滋味，真的很特別。

　　「大同醬油黑金釀造館」不僅廠內的展示豐富，就連廠區前的庭園造景也十分用心，走在這綠意盎然的草地上，真的很難想像自己身在傳統的醬油工廠內。不妨在食堂點些小食，坐在這裡邊聊天邊品嚐，也是件快樂的事。

雲林良作工場農業文創館

安心美食觀光工廠

景點資訊

良作工場農業文創館

📍 地址：雲林縣大埤鄉豐田路 57 號

📞 電話：(05)552-9586

🕐 開放時間：10:00～17:00（週一、二休館）

🚍 大眾運輸：員林客運 6880、臺西客運 7700、7701 至石龜溪站下車，步行約 10 分鐘。或臺鐵區間車至石龜車站，步行約 20 分鐘。

　　對某些人來說，雲林總給人「綠的記憶」。「綠」，是老農辛苦的果；「綠」，是在地農人的根。也讓雲林「良作工場農業文創館」獨樹一格，以養豬為主題，再融合文創，同時兼具教育和故事童趣。

　　入口處旁會看到一個可愛的卡通造型，這是由輕盈的菜葉化作了奇特的類貓科精靈，成為了「好好包包」。現場還模擬了現行母豬夾欄的飼養環境，而且柵欄還可以親自打開。還有一區介紹商業豬種主食，如玉米、黃豆、小麥……等。

　　透過良子和她的豬的繪本文創故事，打造出如此具有特色的故事館，這一系列的角色有良子娃娃、明智石龜、好好豬、藝高象、好好包包，在一樓的文創禮品販賣部，都能找到相關文創商品喔！

　　到了豬肉加工廠，首先了解豬肉的分切方式以及大分切部位肉的分布所在。另外也知道了良作工場的加工標準，如屠體檢驗、健康監控、飼料來源及豬隻來源等。

　　館方也將「與豬相關的文化」陸續引進，透過館內展覽介紹五個雲林特色，包括「古坑咖啡」、「雲林布袋戲」、「西螺醬油」、「農漁牧」、以及「民間人文」。而戀戀雲林一抹青這展覽的目的，主要是希望遊客能夠感受到雲林農業的美，也能體會良作工場落地生根的決心。

　　展區內搭建三個立體虛實拍照點，包括「舊豬舍餵豬」、「豬府喜事」以及「龍

眼木烤豬趣」，再加上「好豬密碼區域」共四個微型立體布展，並以臺式插畫方式
呈現。

　　展區真真假假，似假卻真，烤豬現場旁看起來擺了一部假的卡拉 OK，但卻真的
可以大聲高歌。在「好豬密碼區域」使用了黏土捏成公豬騎在母豬上的可愛樣子，
旁邊還吊著一小塊文字板，寫著「繁華春夢一場空，一切都是假的」，正好道盡豬
哥一生的悲喜交錯。館內休息區還有良子的卡通可欣賞，十分具有特色。若再往內
走則為究市集，它標榜全臺唯一一家直通低溫冷藏豬肉分切廠的生鮮超市喔！

　　超市隔壁的垂直食肆餐廳，空間十分寬敞明亮，可以邊吃邊欣賞外面的風景。
餐廳精選了多種當地食材，再配上大骨熬製的湯頭，以及每天清晨去市場採買的蔬
果和天然調味，並強調新鮮安全。

嘉義白人牙膏觀光工廠

親子同歡,可樂、咖啡、奶茶免費喝到飽!

景點資訊

白人牙膏觀光工廠

📍 地址:嘉義縣水上鄉十一指厝 144 號

📞 電話:0988-803303

🕐 開放時間:9:00 ～ 16:00(中午 12:00 ～ 13:00 休息)

　　「白人牙膏光觀工廠」位於嘉義縣水上鄉,來到這裡參訪,廠區服務人員會貼心的發送冰棒及自己生產的牙膏給每位訪客,真是「有吃又有拿」。

　　到禮堂聽完「白人牙膏」的簡介後,會進行簡單的有獎徵答。若對相關產品感到興趣,也可以到隔壁販賣部選購。值得一提的是,休息區提供了各種飲料免費暢飲,包括百事可樂、七喜汽水,還有熱咖啡及熱奶茶。走出休息區,還有小池塘可以看魚、餵魚,輕鬆又有趣。

　　觀光工廠內有座「將軍府」,原本位於江西省九江市鄱陽縣,是清朝金德恒將軍府第,至今已有一百三十餘年的歷史。為了造福參訪民眾,因此特地聘請了當地師父於 2012 年將整座將軍府拆卸裝櫃運回臺灣,回到廠區後再請原批師父組裝呈現原貌。若想參觀生產線,不妨走上二樓的開放式專用參觀走道,在此可以清楚看到整個牙膏及相關產品的製作流程。

　　「白人牙膏光觀工廠」結合了遊覽車休息站的形式,這也是吸引大批遊客前來的一種行銷方式。廠內提供的各式貼心服務,有得喝、有得拿、有得看,統統免費,為了增加豐富性,引進將軍府讓民眾參觀,是個輕鬆自在的親子家庭度假地點。

臺南虹泰水凝膠世界

結合科學與保健知識的微旅行

景點資訊

虹泰水凝膠世界

📍 地址：臺南市仁德區中正路三段 523 巷 116 號

📞 電話：(06)272-4880（需提前預約）

🕐 開放時間：09:30 ～ 12:00、13:30 ～ 17:00
（週一休館）

「虹泰水凝膠世界」由七大主題館組成，主要介紹有趣的科學體驗、保健生活知識與體驗。最受小朋友歡迎的體驗活動，應該就是「水凝膠芳香公仔 DIY」，整個參觀的體驗，還能輔以看、聽、聞、嚐，還有水凝膠電子式濕熱敷墊熱療體驗。

水凝膠可用來做成電子式濕熱敷墊、蒸氣感眼罩……等，電子式濕熱敷墊可應用於人體各個部位，光展示的種類就讓人眼花撩亂了。現場還有琳瑯滿目的公仔，乍看之下就像是一件件精緻高級的藝術品，很難讓人聯想到這是由水凝膠這種材料所製成的。

各式各樣的芳香公仔，還有以十二生肖為主題的，就連接待櫃臺上的藝品，也是水凝膠做的，真的讓人看不出來！不僅如此，水凝膠還能應用於醫美保養的產品當中，如化妝水、精華霜、眼霜、面膜、按摩霜、養髮煥顏相關保養品等等，種類繁多。另外還可以應用於電療器與氣喘偵測器當中，真是讓人大開眼界！

在「虹泰水凝膠世界」裡，藉由各個主題館的動手體驗區，依不同行程親自參與不同體驗，如：聞香體驗、熱的體驗、電的體驗、聲波傳導操作、醫美產品、CPR+AED 操作……等。也能透過自己動手做的機會，打造自己的水凝膠公仔，讓這種安全無毒的水凝膠公仔，為我們的生活增添更多趣味。

臺南家具產業博物館

親子木工達人體驗遊！

景點資訊

家具產業博物館

📍 地址：臺南市仁德區二仁路一段 321 號

📞 電話：(06)266-1193

🕐 開放時間：週三至週日 10:00 ～ 17:00

💲 費用：每人 150 元

「臺南家具產業博物館」是一處別具特色的觀光工廠，不僅可以了解家具產業文化，還有許多實地操作或 DIY 的活動。

「工藝展覽館」會不定期展出許多原創性作品，而「漂流木創作區」則專為小朋友設計了一些遊戲設施，還有以木塊做成的釣魚遊戲，和利用各種形狀的小木塊而成為玩具積木。

在「家具樹種植栽區」中，種植了臺灣特有家具用料與國際間常用高級木材樹木，庭院裡還有相當雅緻的造景。「家具文化典藏館」裡則收藏了不同年代的各種家具，館內依家具風格區分為粵式家具區、日治時期家具區、殖民時期家具區及近代家具區，可以進一步了解不同家具文化的融合過程。

在「兒童故事屋」裡，故事姊姊會帶領孩子們做森林與家具工藝的第一類接觸。到了「家具製程教育館」，展場分為材質、工法、塗裝的介紹說明，並可以讓小朋友親自敲打、聞味道及投入水箱，來分辨每種木頭材質的差別。來到木工體驗區，還可以拿起工具進行小小木工師傅的體驗哦！

臺南臺鉅美妝博物館

親子全家快樂遊，彩妝任你 DIY ！

景點資訊

臺鉅美妝博物館

📍 地址：臺南市仁德區中正路三段 589 號

📞 電話：(06)205-2013

🕐 開放時間：9:00 ～ 17:00（每週二休館）

🚗 自行開車：國道 1 號仁德交流道→中山路→中正路三段左轉。

🚌 大眾運輸：高鐵接駁車 H62 至仁德交流道站下車，轉搭紅 10 至土庫站下車，步行約 2 分鐘即達。或搭紅 1 線公車至明直宮下車，往西走至中正路三段左轉，步行約 2 分鐘即達。

在臺南的「臺鉅美妝博物館」，是一處訴求彩妝為主的熱門景點，不論是館內各個環境、導覽觀光或是 DIY 活動皆相當用心規畫，是個適合全家大小共遊的好去處喔！

「臺鉅美妝博物館」共分為三大樓層，偌大的接待大廳，有種進入五星級飯店的錯覺。即使是簡單的沙發休息區和廁所，都布置得有如小型藝廊般高貴典雅。

大廳左側為各類彩妝的旗艦展示專櫃，各種彩妝化妝品應有盡有，可說是美女們的天堂，而且在這裡可不只是買和逛而已，館內還設置了一處玩美試妝臺，看起來就像電視臺化妝間，可以在這裡盡情試用。

入口處旁也有專為小朋友量身打造的「彩虹遊戲室」，走到最裡頭是「臺鉅生活咖啡館」，咖啡廳旁還有個「美人部屋」，可利用架好的各式燈光，讓畫好妝的朋友在此盡情展現自我。

經由三樓國際會議廳所播放的自製卡通短片，讓來訪的大人與小孩在輕鬆的影片裡了解臺鉅的相關資訊。而藉由二樓的「臺鉅企業的故事走廊」年表，可以了解臺鉅成立至今的重要紀事。

　　另一個角落有個復古式的化妝臺，上頭展示著各種從早期到現代的各種化妝品，經由導覽人員的生動解說，喚起不少人過往的回憶。隨後進入另一個猶如搭機離境般的展示走廊，原來是為了展示臺鉅在世界各地的營業據點與成果。來到這兒不僅可以參觀，還可以親手摸一摸各種化妝品的原料，感受一下各種依特色主題所創造出來的商品。走廊的另一頭設置「時尚巴士自拍區」，有興趣的朋友可以在這個巴士內拍照留念喔！

　　DIY 活動是在二樓的多功能教室進行，製作項目為精油保濕護手霜或紫潤護唇膏。DIY 活動每場約 20 至 40 分鐘，最少 5 人開課，活動開始前半小時為最後預約時間，有興趣的朋友請先行電話預約。

　　製作前得先了解流程及製作的注意事項，當護手霜凝固為膏狀的成品時，以刮刀刮入盒子裡就完成了，而護唇膏與前者不同的地方，在於還要進行隔水加熱並進行攪拌。

屏東客萊斯麥觀光烘焙食品廠

「小小吳寶春」DIY 體驗遊

景點資訊

客萊斯麥觀光烘焙食品廠

📍 地址：屏東縣屏東市工業二路 12 號

📞 電話：(06)205-2013

🕐 開放時間：9:00 ～ 20:00

　　「客萊斯麥觀光烘焙食品廠」位於屏東工業區內，最醒目的標誌就是門外的烤麵包機超人。

　　沿參觀動線可進行廠內參觀，步道前有各種造型卡通立牌，供大家合影留念。廠區內的各項設施及工作情形，可透過透明玻璃窗觀看，窗臺前也貼心設置了解說，比如認識「酵母的成長」、「麵包與營養」的各種資料介紹。

　　在「烘焙文化館」內，則將公司的理念、得獎事蹟、歷史鏡頭等介紹給大家，也針對麵包的製作流程，以照片與輔助圖畫的方式進行詳細的介紹。伴手禮區則販售各種自製的餅乾點心伴手禮，特別是大家必買的首選「臺灣造型的鳳梨酥」。

　　DIY 活動有三種選擇，分別為薑餅餅乾、手工餅乾與 QQ 鬆餅。備齊製作工具與原料後，就可依指示進行動作，整個製作過程新鮮又有趣，讓孩子就像是小小吳寶春上身似的。將攪拌好的麵糊放入鬆餅機內烘烤，出爐後就大功告成了！

屏東鮮饌道海洋食品文化館

進攻零食大本營！

景點資訊

鮮饌道海洋食品文化館

📍 地址：屏東縣林邊鄉成功路 122 號

📞 電話：(08)875-2229

🕐 開放時間：08:00 ～ 12:00、13:00 ～ 17:00

提到屏東的伴手禮與零嘴，相信大家都會想到鱈魚香絲、鱈櫻花蝦、魚鬆、魚子醬、櫻花蝦醬、杏仁小魚乾、海苔杏燒……等，位於屏東縣林邊鄉的「鮮饌道海洋食品文化館」，稱得上是製造零食的祕密基地，一起探訪這個零食大本營吧！

當我們進入觀光工廠的大廳，馬上就被那些可愛的造型卡通布置吸引了，接著循著階梯，直接上二樓進行參訪行程。二樓主要介紹政益品牌的發展過程，接著進入簡報室聽取參觀簡報，聽完簡報後，在海底隧道裡藉由導覽人員的介紹，可以了解哪些魚種是常被使用來加工。

角落則展示了各種製程的模樣，還有各種機器展示區、魚鬆焙炒機與輾肉機、糖衣機與魚漿輸送機、早期各種漁具的展示，以及讓小朋友們增廣見聞的漁產加工小學堂。從政益特製的地圖中，可以清楚了解政益食品遍銷世界各國的足跡。

對孩子們來說，最感興趣的還是遊戲區裡的各項遊戲設施以及產品展售區了。這裡販售政益食品的各種產品，大多數的食品還可以試吃，讓我們逛得不亦樂乎。不僅如此，一旁還販售了孩子們喜歡的玩具，可說是各種商品與食品應有盡有。

高雄紅頂穀創穀物文創樂園

寓教於樂新亮點！

景點資訊

紅頂穀創穀物文創樂園

📍 地址：高雄市左營區民族一路 709 號

📞 電話：(07)346-0333

🕐 開放時間：週二～週日 10:00～17:00

「紅頂穀創」是馬玉山在高雄新設立的一處融合遊廠、觀光、教學、多功能旅遊的文創樂園，也是一處適合親子共遊的觀光工廠。外觀彷彿是極具現代感、交錯古典美的城堡。入館參觀前得先到服務中心購票，憑門票在館內消費有提供部分折抵。這裡的門票類似遊樂園紙手環，會套在每個人的手臂上識別，另外還會給一張導覽圖，可以在每層樓蓋章集印，最後回到服務臺時即可兌換贈品。

「紅頂穀創」共有五層樓，分別為一樓服務中心、二樓穀倉藝文、三樓金磚製造所及五樓的馬玉山故事館。參觀動線可由一樓服務中心直達五樓馬玉山故事館參觀，再到三樓金磚製造所與二樓穀倉藝文。

在五樓的馬玉山故事館裡，五顏六色的繽紛走廊與一旁明亮的玻璃窗相互輝映，整區採環繞式的參觀方式。從馬玉山的產品陳設、穀物知識、星光隧道、企業形象再到品牌歷史，這些種種可以讓參觀者更進一步了解馬玉山。

進入以星象圖為主題的星光隧道，增添了許多的神祕氛圍。柳暗花明後，來到了企業形象的電視簡介區。接著來到馬玉山的創立沿革，以創意造形的大紀事年表，說明了公司自成立來的各項事蹟。從玻璃窗往下望則為生產的工作區，也讓大家著實開了眼界。

三樓金磚製造所的特產是鳳梨酥，參觀的朋友可現場免費品嚐一塊喔！南側的穀倉咖啡採英式鄉村的風格設計，不妨點杯咖啡及點心，坐在此處自在聊天，歐式

品味的布置，伴隨著烘焙香氣，格外讓人放鬆。

　　DIY 活動地點位在二樓穀創超級工廠，開始前必須洗將雙手清洗乾淨，牆上也有標明正確洗手步驟可參考。製作前先挑選三種穀豆做為基底，現場還提供了石磨讓人自行研磨。研磨完成後，使用小刷子將粉末刷入保鮮盒中，等待接下來的步驟。只見現場所有人聚精會神的專注製作，雖然有點手忙腳亂，但大家都樂在其中。

　　接著將剛剛磨製完成的穀物粉進行包裝，因機臺採預熱高溫製作外包裝，需由現場專職人員代為操作。最後還可讓小朋友在外包裝上加以著色或塗鴉，現場並提供色筆讓小朋友們發揮想像力自由作畫。

　　DIY 活動後，可以順便參觀隔壁的穀倉藝文展演，如：「食間旅行」原創圖像動畫聯展參觀，展場出口，還特別將展出作品之一轉變為 3D 立體的拍照裝置藝術。

宜蘭蘇澳一米特創藝美食館

東部

獨特冷泉米食觀光工廠

景點資訊

一米特創藝美食館

📍 地址：宜蘭縣蘇澳鎮祥和路 199 號

📞 電話：(03)990-7779
📠 傳真：(03)928-0505
🕐 開放時間：8:30 ～ 18:00

蘇澳「一米特創藝美食館」擁有超過千坪的自然景觀區，而且園區裡還有座冷泉，館內也針對米食文化與相關食品的製作和大家分享，是個結合美食、人文、休閒、景觀的全方位休閒園區。

館內介紹了稻米與食米的相關知識，古樸的展示大廳設計，象徵早期農村簡樸帶點溫馨的感覺，還可以隔著透明窗了解整個米食產品的生產線製程。

而在伴手禮販售區中，各種熱銷米食產品任君挑選，除了各項米製點心外，也有果凍等糕點美食。小朋友最期待的還是 DIY 活動，「一米特造型麻糬 DIY 課程」製作過程相當簡單，材料多為半成品，只要照著說明書按部就班進行，有時家長從旁輔助一下就可以啦！

而在戶外的七彩幫浦區，這裡的水源完全來自冷泉引進，而且採用復古的懷舊式幫浦，可以讓孩子們在打水中獲得另一種樂趣。

冷泉小溪畔並設置了幾座涼亭讓遊客休憩賞景，而園區裡的洗手臺採圓形造形，包覆著一個石臼洗手臺。此外還有獨一無二的冷泉戲水泡泉區，不僅可以在此休息泡腳，還可以環顧四周的蘭陽美景，自在又逍遙喔！

宜蘭亞典蛋糕密碼館

免費吃、免費喝、免費逛！

景點資訊

亞典蛋糕密碼館

📍 地址：宜蘭縣宜蘭市梅洲二路 122 號

📞 電話：(03)928-6777
🕐 開放時間：9:30 ～ 18:00

　　「亞典蛋糕密碼館」館內分為烘焙入門（簡報區）、環遊蛋糕地圖（導覽解說）、密碼研發部（現場年輪蛋糕製作）、蛋糕饗宴、烘焙特訓班（DIY 體驗），走廊兩邊牆上的示範說明，可以讓訪客對蛋糕有進一步的認識與了解。

　　展示大廳裡以年輪蛋糕為主角做成的意象模型，展示區內最引人注意的，就是琳瑯滿目的各式蛋糕，其中「團圓年輪蛋糕」是這裡的招牌產品，還有其它各式各樣的蛋糕，像橘蜜口味的蛋糕、日式長崎蜂蜜蛋糕……等，現場都提供了試吃。如果口渴也不用擔心，館方貼心的準備了免費無限暢飲的蜂蜜涼茶，可以一口茶配一口蛋糕。來到這兒可別只顧著吃吃喝喝，可別錯過參觀蛋糕的製作，透過大片玻璃窗區，可以對整個蛋糕的製作過程一目瞭然。

　　除了蛋糕外，現場還販賣多種口味的義式冰淇淋，並且布置得頗有歐式城堡的味道。休息區不單單只是個吃吃喝喝的地方，周圍牆上掛著許多蛋糕知識的說明，如解說蛋糕的材料密碼、了解蛋糕麵糊的三大類別，還有一些蛋糕軼事，一旁也展示著各種蛋糕裝飾的模具，讓人可以增廣見聞。

宜蘭蘇澳奇麗灣珍奶文化館

東部

爆紅燈炮珍奶助登人氣觀光工廠！

景點資訊

奇麗灣珍奶文化館

📍 地址：宜蘭縣蘇澳鎮頂強路 23 號

📞 電話：(03)990-9966

🕐 開放時間：9:00 ～ 17:30

宜蘭蘇澳的「奇麗灣珍奶文化館」，是全臺首座以珍珠奶茶為主題的觀光工廠，而且首創的「燈泡珍珠奶茶」一推出就造成排隊熱賣，並一舉把這裡推進了全臺觀光工廠人氣排名第二名。

園區採用綠建築設計，戶外更用心規畫成生態園區，包含在地原生植物、櫻花步道、生態水池、碎石步道……等，建築物四周還有雨水回收功能、地下湧泉、自然景觀平臺、採光梯……等。

二樓的珍奶文化館可看到珍珠的原料簡介與由來，以及臺灣珍奶販賣史。「創業開店走廊」中的店面像是將童話書裡的小屋轉換到現實來，還可以讓遊客親自入店內模仿販賣。

館內的「珍奶 DIY 體驗」，可以親手泡、拌製作專屬自己的珍珠奶茶。要怎麼搖才能搖出好喝的珍奶呢？老師半開玩笑的說：「就是以扭屁股的方式來帶動，效果最好。此外還有野菜餐廳、手工粉圓 DIY 體驗，都要在七天前先線上預約。

另外這裡還有一座奇麗灣珍珠樂園，需要另購門票，裡頭包括了旋轉椅、彈跳床、大型溜滑梯、球池、爬行隧道……等遊樂設施。

若想喝燈炮珍奶，就只能到一樓的燈泡鮮食餐廳用餐，用餐方式分為單點式與吃到飽。來這兒有吃有玩，難怪「奇麗灣珍奶文化館」會有這麼高的人氣了。

宜蘭莎貝莉娜精靈印畫學院

創意 DIY 體驗！

景點資訊

莎貝莉娜精靈印畫學院

📍 地址：宜蘭縣宜蘭市梅洲一路 16-3 號

📞 電話：(03)928-5563

🕐 開放時間：9:00 ～ 17:00

💲 費用：每人 50 元（可抵 DIY 課程費用或消費）

　　「莎貝莉娜」這個名字的由來，取自於安徒生「拇指姑娘」的童話故事。入口處展示許多的手工藝創作品，園區的代表人偶「小莎天使」也站在一旁歡迎大家的到來。

　　在會議室觀賞「莎貝莉娜」的企業簡報影片後，隨即進行 DIY 的創作項目，其中包括杯墊創作、水壺袋創作、筆袋創作等，老師進行時會為大家講解如何使用「水晶印章」進行拓印。拓印過的水晶印章得擦拭乾淨，否則會造成下一次混色的情況出現。學員可參考水晶印章模版的冊子，挑選自己喜歡的樣式。在使用「水晶印章」時，最重要的就是得明確對齊並掌握圖樣位置，以及均勻上色。在將圖案蓋到自己的作品之前，可先利用空白的方格紙練習，待熟練之後再進行實際製作。整個過程教小朋友對於印刷、顏色的概念，更能訓練手指的運用技巧。

　　教室另一隅是手創材料的販賣部，若有興趣想買材料回家再進行其它創作，就可在此購買，這裡也販售些精美的作品，以及相關手工藝品的展示。

宜蘭溪和三代目觀光工廠

熱門親子 DIY 兼免費試吃在地海之味！

景點資訊

溪和三代目觀光工廠

📍 地址：宜蘭縣五結鄉利澤工業區利興二路 11 號

📞 電話：(03)990-7998

🕐 開放時間：9:00 ～ 17:30

　　「溪和三代目食品觀光工廠」原以捕魚為生，後來專心致力於冷凍水產食品，在宜蘭縣政府輔導下轉型為觀光工廠。在這裡除了能獲得水產加工業的相關知識外，也能對海洋文化有更深入的了解。

　　走進「溪和三代目食品觀光工廠」，右手邊便以一艘帆船造景來迎接大家，而左手邊的大型船錨是廠區最大的地標，廠區前院還設置了一處汆燙 DIY 活動區，並提供了生小卷、生丁香魚、生白蝦、生鮑魚、剝皮魚切丁、飛虎魚丸等食材，可自行選擇購買後進行汆燙。

　　若要進行飯糰 DIY，館方會從旁協助並說明，同時也伴隨播放影片教學。而海鮮押片 DIY 活動，則是利用機具以高溫擠壓的方式，將乾魷魚壓成薄片。壓成薄片的魷魚既香又脆，讓人立刻上癮。二樓為產品販售區，訪客可盡情挑選各種海鮮產品。販賣區旁還有海洋文化展覽，讓訪客了解各種捕魚的器具、環境，以及當年漁夫們捕魚的辛苦點，對孩子們來說，也能達到寓教於樂的效果。

宜蘭蜡藝蠟筆城堡

親子塗鴉樂！

景點資訊

蜡藝蠟筆城堡

📍 地址：宜蘭縣蘇澳鎮海山西路 500 號

📞 電話：(03)990-7101

🕐 開放時間：08:30 ～ 18:00

　　「蜡藝彩繪館」原本只是館方在宜蘭龍德廠區利用少部分空間開放參觀的地方，後來在現址成立了蜡藝蠟筆城堡。寬敞安全的創意彩繪空間，讓遊客能發揮創意。在親身體驗製作的過程中，享受成果展現的快樂與成就感，並從彩繪中發現樂趣，更深具啟發的意義。所有的創意還可製成各種個性化紀念品，如馬克杯、衣服燙印、酷炫魔彩球、磁性相片、大頭貼、護貝相片等。

　　「蜡藝蠟筆城堡」以室內活動為主，可分成五大區。在彩繪塗鴉區中，可以了解顏色世界，學習各種繪畫工具及技巧；而在蠟筆、彩色筆 DIY 區中，可以實際製作蠟筆與彩色筆；人體彩繪區則提供了各項人體彩繪器材與顏料，可自由創意彩繪或由專業老師代為彩繪，讓您擁有亮眼的彩繪造型。彩繪後快到變裝區挑選適合整體搭配的服裝，讓造型加分，拍照留念後亦可製作成美麗又實用的紀念品，讓您回味無窮！最後在星光大道區有四大主題燈箱，透過絢麗的燈光及動感音樂，讓人情不自盡的舞動身體，享受明星丰采。

　　透過各種操作體驗，可以讓孩子學到一些色彩的原理與知識，有時候雖然看似亂塗鴉，但孩子也是在發揮他們的想像空間，發展他們左、右腦的平衡感。

宜蘭橘之鄉蜜餞形象館

東部

在巨人童話國度裡蜜餞 DIY！

景點資訊

📞 電話：(03)928-5758
🕐 開放時間：8:30 ～ 17:30

橘之鄉蜜餞形象館

📍 地址：宜蘭縣宜蘭市梅洲二路 33 號

「橘之鄉」是以金棗蜜餞聞名的觀光工廠，建築外觀像是歐式小木屋般，其中的形象館造型以大樹裝飾融入四周環境，極富創意。進到形象館內，馬上有種虛幻的感覺，彷彿置身於童話故事中。

館內展示了許多醃漬蜜餞，以及各種早期製作蜜餞的機臺。最吸睛的亮點肯定是這兒的背景，猛一看就像在巨人王國呢！館內的「橘之鄉金棗蜜餞 DIY」活動，工作人員會先示範再讓小朋友動手，過程簡單有趣。在館外還有半開放式的 AGRIOZ 咖啡館，採白色夢幻基調，有著濃濃的浪漫典雅風情，坐在這裡喝個下午茶，頗為愜意。

停車場另一隅為蜜餞工廠所在，循著階梯沿參觀走廊可觀看工廠蜜餞的製程。在販賣部門口，則提供了免費暢飲的「生津金棗茶」，可別錯過了喲！

來到這裡除了優美的特色環境，有得吃、有得看、還可進行 DIY 課程而有得玩，可以讓小朋友藉此機會了解蜜餞的製作，也讓參觀者更了解如何挑選好的蜜餞，並認識食品衛生安全的相關知識。

宜蘭羅董養生館

親子 DIY 體驗行！

景點資訊

羅東鎮農會養生文化觀光工廠

📍 地址：宜蘭縣羅東鎮倉前路 14 號

📞 電話：(03)957-4525

🕐 開放時間：09:00 ～ 17:00

羅東在尚未開發之前，附近聚集了很多野生猴子，當地原住民噶瑪蘭族就將這些猴子稱為「老懂」（rutung），之後經漢人來此開墾而沿用其名，稱此地為「羅東」，因此來到「羅董」便能處處見到這代表性的吉祥物——猴子。廠區一邊為觀光工廠的 DIY 教室，另一邊則為農特產品的展售區，裡頭除了宜蘭在地產品外，還有來自全國各地農會的產品，琳瑯滿目，應有盡有。

透過簡報影片，可讓遊客了解羅東的地名故事及工廠產品製造過程，影片後各種穀豆類飲品的試飲、養生皮蛋的試吃，讓嚐鮮的人們印象深刻。

而手工豆花 DIY 是最有趣的項目，製作之前會進行生動精彩的解說，進行時更會細心教導小朋友，同時也協助添加原料。豆花製程真是既新鮮又有趣，不過為了要縮短製程，加快完成的腳步，於是在鐵盆外再加一個塑膠小臉盆，並放入冰塊及鹽巴。這小祕訣主要是要讓它迅速降溫，而讓原本呈現液態的豆漿，在快速攪拌下漸漸凝固了。大夥對自己做的豆花十分滿意，吃得津津有味。

帶著家人一同暢遊「羅董」，可以輕鬆享受「吃皮蛋、喝豆奶、玩體驗、樂逍遙」的多樣化玩樂假期喔！

花蓮香又香便當調查局

扮 007 同遊便當與團膳製作！

景點資訊

香又香便當調查局

📍 地址：花蓮縣花蓮市美工路 15 號

📞 電話：(03)822-8111

🕐 開放時間：08:30 ～ 12:00、14:00 ～ 17:00
（採預約制，國定假日休館）

「香又香便當調查局」是國內唯一以團膳為主題的觀光工廠，讓訪客扮演調查局探員的角色進行探訪。要了解香又香的品牌創業故事，就得來到品牌文化區，這裡還將臺灣的特色便當做了精彩的整理與介紹。

檢驗區是專為該廠供應的團膳進行各項檢驗，以確認是否符合國家規範。要了解將當天的進貨食材如何分門別類、驗收把關，只要來一趟驗貨區就可以一目了然。驗收完的蔬果會送進蔬果處理區進行清洗，廠內還設置了一座低溫廚餘冷藏庫，讓廚餘不會因腐爛發臭而污染環境。

減重族不容錯過的，應該是營養師的這套電腦程式，營養師每天利用它開出機關學校所需的菜單，再送到廚房化為一道道香噴噴的料理。除了重視營養、飲食均衡，也會注意卡路里的調配。有趣的是，營養師會依據現場每個人的狀態，計算出一天所需熱量，再依此調配出屬於自己的減重指南哦！

花蓮海礦探索館

好山好水好有趣！

景點資訊

臺肥海洋深層水園區

📍 地址：花蓮縣花蓮市華東 15 號

📞 電話：(03)823-6633

🕐 開放時間：9:00 ～ 17:00

　　「海礦探索館」位於花蓮港附近，二樓接待大廳裡最吸睛的是「藍金」，也就是「海洋深層水」的展示。

　　導覽過程包括臺灣海洋深層水公司及取水工程介紹、參觀工廠、海水淡化及瓶裝水製程過程、實際觸摸 662 公尺深層海水的溫度及觸感、海洋深層水衍生商品實地參觀。

　　藉由詳細的解說與介紹，讓我們進一步了解到原來花東海岸除了有明媚的風光外，還蘊藏了這般天然資源。解說過程中還能經由觸摸的方式，感受一下冰冷的海洋深層水喔！若要參觀工廠內的製程，只要由後方沿著走廊參觀就可看到了。

　　DIY 課程其一為藻樂子，另一項為彩繪祈福鹽罐。「藻樂子」是運用深層海水來培育綠藻球，並進行簡單造景美化。彩繪祈福鹽罐有別於其它彩繪直接塗抹上色，要運用五顏六色的祈福海鹽加以堆疊而形成作品。

　　這兒還設有海礦探索館輕食區，提供以海洋深層水為基底作特調的天然輕食料理，如海鹽咖啡、鬆餅、海礦豆花……等，而販售區則有以海洋深層水或海鹽所製的相關化妝品、保養品、面膜、鹽鹵、煎餅、豆花、罐裝海洋深層水、鹽飴、礦物鹽……等。

Part 3

樂爸：「不出門藍瘦香菇！」

戶外好趣淘，自然森呼吸

新北市八里文化公園露營區

讓第一次露營超簡單！

景點資訊

📞 電話：(02)2619-3030

八里文化公園露營區

📍 地址：新北市八里區挖子尾街 111 號

　　露營是近來最熱門的親子活動之一，特別像「八里文化公園露營區」就是個超夯地點，也是新北市政府第一座公辦露營區。除了泡泡屋之外，一望無際的大草原搭配超萌的「米飛兔」裝置藝術，也是一大吸睛的地方。

　　附近還有挖子尾自然保留區、八里老街及十三行博物館等，還可經由藍色公路到對岸的淡水老街、真理大學、漁人碼頭、情人橋、紅毛城等景點遊玩，讓大家有個難忘又快樂的假期。

　　「泡泡屋」很吸睛、新奇又特別，的確讓人趨之若鶩，很適合不常露營又不想租借或是購買野外露營設備的家庭。這裡也有一般的草坪露營區，可以讓全家一起感受自己搭帳棚、自己準備即將生活一晚的環境，這樣才不失露營的樂趣。草地營位有完善的盥洗及水電系統，也有設備齊全且乾淨的浴廁。

　　這裡還有像國王造型、造型門搭配周圍的草地及綠樹、宛如一座小小迷宮的裝置藝術。這種天人合一的自然度假方式，大人小孩都喜歡，天天待在都市叢林的孩子們，利用假日到野外跑跑跳跳，可以好好的放鬆，發洩過盛的精力，開心度假，難怪「露營」成了最近超夯的全民運動了。

陽明山天籟渡假酒店

親子船樹屋住宿，一泊三食全包式逍遙遊！

景點資訊

📞 電話：(02)2408-0000

陽明山天籟渡假酒店

📍 地址：新北市金山區重和里名流路 1-7 號

　　「天籟渡假酒店」位在陽金公路末段，有著得天獨厚的景觀，不僅設施完善、活動豐富、餐點美味，還連接北海岸周邊景點。全包式的規畫，讓遊客不用再花心思安排行程，泡湯、賞景、賞花、戲水、親子 DIY、生態體驗……，還有 CNN 評選為世界最佳烤肉料理的蒙古烤肉吃到飽晚餐，深受老饕們的喜愛。

　　悠閒的藍鵲閣下午茶時間後，不妨搭乘酒店小巴，跟著導覽人員前往北海岸的風車公園逛逛，這裡一邊是汪洋大海，另一端則是佇立在山丘上的風車組。晚餐後還有 DIY 課程，讓孩子們利用枯樹枝和洗淨的牛奶盒，完成自己的藝術創作。

　　隔天的小農體驗——開心農場田園趣，提供自種無毒的健康蔬果，收成的作物還會實際運用在顧客的餐點中，讓每一位顧客吃得更加安心。

　　酒店內也有健身房及兒童遊戲室，不過小朋友最感興趣的應該是水世界，光在滑水道玩耍就讓孩子們流連忘返了，更不用說一同下水體驗大水傾倒的快感。

　　想帶全家人一同來感受陽明山與北海岸一氣呵成的自然饗宴嗎？不妨到「天籟」體驗看看吧！

深坑石碇藝文一日遊

新北市 ・ 心體驗

景點資訊

深坑黃氏永安居

📍 地址：新北市深坑區北深路三段 8 號

📞 電話：0910-011990、0920-912857、
0936-396011（黃先生）

🕐 開放時間：9:30 ～ 17:30（週日、假日開放）

💲 費用：全票 60 元，學生票 40 元

泥畫屋

📍 地址：新北市石碇區潭邊里外石崁 1 之 5 號

📞 電話：(02)2663-3777

🕐 開放時間：08:00 ～ 17:00（週一休館）

💲 收費方式：每人 100 元

蝶工坊

📍 地址：新北市石碇區北宜路五段 78 號

📞 電話：0988-586963

🕐 開放時間：平日 12:00 ～天黑（週四休息）、
假日 8:00 ～天黑

　　三級古蹟的「黃氏永安居」位在北深路三段路旁，紅色磚瓦構築而成的三合院大厝相當醒目，不過這裡還有人居住，目前只有週日、假日開放參觀。進入永安居時得經過層層的臺階與坡道，據說這有「步步高升」的喻意。永安居於西元 1912 年由二房黃守禮的四個兒子共同合建，這裡的點點滴滴也與這四位公子有著密不可分的關係。之所以稱為「永安居」，乃是為求子孫「永久平安居住」之意。

　　「永安居」的外觀層次分明、工法嚴謹，宅第內充斥著銃樓、銃眼、多層次圍牆，是典型的「防衛型」古宅。宅第上的泉州安溪樣式燕尾圓弧、福州杉……等也是特色，還有來自英國的維多利亞磁磚，足見當時主人的地位。宅第採左、右護龍的三合院結構建築，四周斗砌磚牆圍繞，可看出其依循著儒家思想「左尊右卑，前卑後恭」的格局。

　　接著來探訪二位隱身在山林裡的藝術家，一位是「泥畫屋」的楊敏郎，另一位

則是「蝶工坊」的焦雲龍，其中楊敏郎老師是知名紀錄片導演楊力州的父親。來到泥畫屋剎那間會誤以為來到佛陀仙境，一尊佛祖的頭像彷彿著名的美國拉什莫爾山國家紀念公園山上四位總統的石像般，佇立在半山腰。展覽室裡展示著老師的各種作品，特別是鐵網裹身的雕塑創作，真是讓人驚嘆聲連連。

　　逛著逛著將石壁推開，原來這裡暗藏一道密門，有如小說中的密道，沿隧道走出，柳暗花明又一村，特別的是楊老師在這裡還塑造了一尊自己的雕像。

　　最後來到石碇的「蝶工坊」，乍看之下是間咖啡廳，不過身為極致工藝代表的焦雲龍老師，卻將這裡打造成天然質樸的空間藝術。這裡的桌椅家具完全出自他的親手創作，木質表面採用了自製天然蠟塗裝，可同時滋潤與保護木頭，而且完全不使用任何鐵釘或螺絲，捨棄現代膠合的作法，只為呈現尊重自然的環保態度。在蝶工坊一邊喝著下午茶，一邊欣賞自然風光，遼闊的山景一望無際，特別令人心曠神怡。

新北林口臺灣山豬城

旅遊祕境享美食、美景、動物及童趣！

景點資訊

臺灣山豬城

📍 地址：新北市林口區下福里 2 鄰 15 號

📞 電話：(02)2606-1117、(02)2606-1118

🕐 開放時間：11:00 ～ 21:00

　　沒想到林口有這麼一處兼具美食與美景的親子休閒農場——「臺灣山豬城」。這裡就像是一座擁有許多動物家庭的城堡，裡面的山豬家族更是城裡的大頭目，對動物們而言，城裡最大的快樂泉源，莫過於與前來的遊客嬉戲，以及和其它動物朋友吵吵鬧鬧過個大家族般的逗趣生活了。由於腹地廣大，這裡還融合了兒童遊戲設施供孩子們玩耍，更提供了山產、野菜等佳餚，等著大家一起來品嚐與探訪，更是團體聚餐的好地點。

　　往園區裡頭步行約 100 公尺，就能驚見這處依山傍水的美景，池中有魚、有鵝，池畔並設有座椅及魚飼料供應器，可以坐在湖畔一邊餵魚一邊欣賞美景，享受片刻的自在與放鬆。

　　在湖畔周邊是可愛動物區，在這兒養著一些大型的駝鳥、小馬、鳥類，另一邊則有白鵬、竹雞、金雞、日本雞與鴛鴦，還有幾隻山羊在一旁散步。動物區裡也設置了餵食動物的飼料，有興趣的朋友可以投幣購買。

　　沿著另一頭的環湖步道，途中會經過一處小型養牛場，繞一圈環湖步道約莫十多分鐘的路程，這一路可欣賞到不同的景致風光，動物區一旁還有專為小朋友設置的兒童遊戲區哦！

　　這裡的用餐環境分為二大區塊，近前院的空間大多是提供給散客用餐，而團體

客人則被安排在後方比較大的區域。油香手工麵線是餐廳的招牌之一，看似簡單，但嚐起來果然香氣四溢，軟 Q 有彈性，讓人一口接一口。

　　此外，肉質鮮美、口感 Q 彈的白灼蝦、料多實在且令人垂涎三尺的佛跳牆、山林裡的特產白斬雞、鮮脆的高麗菜……光是看到這些就讓人口水直流了，還有包含涼拌山豬皮、蟹肉棒與鮑魚的三色拼盤、香 Q 彈牙的炒山豬肉，扒上幾口白飯搭配，恰到好處。

　　另外，蒙古燉羊肉、藥膳雞湯、炸雙拼（花枝丸、芋泥丸與蝦餅）、清蒸鮮魚也都是這裡的招牌菜，最後再來一盤水果，為這頓大餐畫下完美的句號。

新北雙溪

雙鐵低碳農家深度旅遊

景點資訊

📞 電話：(02)2493-3782

雙溪低碳驛站

📍 地址：新北市雙溪區朝陽街 1 號（臺鐵雙溪車站旁）

　　近來各縣市致力於推廣各項深度旅遊，特別是新北市雙溪區的低碳旅遊，其行程主要藉由騎著電動機車或自行車串連各個特色景點，讓遊客不再只是走馬看花。透過當地熱心又訓練有素的解說員，讓我們可以從文史、生態各方面了解雙溪。整過過程包括雙柑公路風情遊（軟橋段生態公園、林家古厝、扁屋、荷花園）、平林農家體驗的生態導覽、農家養生午餐、草編 DIY、廖宗賢有機農場和古街巡禮（雙溪渡船頭古街巡禮），不僅讓孩子們能夠深入了解在地風情，也能獲得另一番的成長與體驗。

　　接著來到當地知名武狀元的所在——柯連成古厝，因房屋正身上堵塗飾白灰象徵某種地位，而有「白灰厝」的稱呼。還有雙溪著名的林家古厝，古厝外牆以荷花圖樣來裝飾，而古厝旁的綠地並非公園，而是林家無私出借讓公所在此造景，藉由林家的事蹟，讓我們更深刻體會何謂愛鄉、愛土、愛人。

　　接著前往荷花園，解說員生動的講解荷花的三種樣貌，以及具有奈米特性的荷花葉、特殊的多刺荷莖。荷花田路旁還有特殊的農夫市集，賞花之餘也能看看當地新鮮現採的蔬果。

　　而「樹中生竹」是雙溪一處相當奇特的天然景觀，又被稱為「柯仔株」，就是在一棵樹木的樹幹中又長出竹子，路過此地一定要來見識一下喔！在雙溪平林休閒

農場吃飽喝足後，還可以進行草編 DIY 體驗與參觀農場內豐富的生態環境，寓教於樂中學習到永續環保的優良觀念。

「新北市雙溪區有機蔬菜示範區」中的廖宗賢有機農場參觀行程，不僅可感受熱情的農場的人情味，了解作物知識之餘又能品嘗主人自製黑木耳露，而且還能觀賞到各種作物。回程經過逸仙山步道風景區，山上景觀優美，還可清楚看見到雙溪的地標之一──共和大橋。

而全臺唯一祭祀文天祥的廟宇──三忠廟是雙溪的信仰中心，廟前街道是雙溪最繁榮的街道。接著往渡船頭方向前進，途中會經過當年最繁華的淡蘭古道，雖然雙溪渡船頭已無昔日風光，但景色依舊，從這裡可清楚觀看平林溪與牡丹溪雙溪匯流。接著往老街方向前進，可以看到歷史悠久的中藥舖──林益和堂，也可以順道參觀超過 60 年歷史並保留傳統手藝的「打鐵鋪」喔！

新北猴硐煤礦博物園區

今日貓村 昔日煤鄉

景點資訊

猴硐煤礦博物園區

📍 地址：新北市瑞芳區猴硐柴寮路 42 號

📞 電話：(02)2497-4143

🕐 開放時間：08:00 ～ 18:00

🚗 **自行開車**：國道 1 號暖暖交流道接 62 萬瑞快速公路，下瑞芳交流道接 102 縣道，轉北 37 鄉道至猴硐。

🚌 **大眾運輸**：臺鐵區間車於猴硐站下車，步行即可到達。

平溪線上的猴硐素有「貓村」之稱，遊客中心前的公車站牌做成了貓咪的造型十分可愛。穿過微涼的隧道，朝著「猴硐車站」的方向邁進，沿途除了翠綠的山景，還可以漫步在舊鐵道上，一邊是蒼翠的溪谷，另一邊是目前運行的鐵道，約莫十分鐘的步行時間就可抵達煤礦博物園區了。

園區大草坪上的竹編貓咪就像地標，告訴大家這裡以貓聞名，而且彷彿是貓咪的天堂，許多貓咪的模樣相當可愛。願景館有多媒體影片播放，館內假日時還有專人導覽解說，可以更深入認識這裡。

一進到願景館彷彿進入了時光隧道，讓人了解此地採礦的歷史。願景館旁是瑞三整煤場的遺址，據說設置在建築物東向的，是「臺灣第一部貨用升降梯」呢！

不管是搭乘火車或開車前來，來到這裡不妨放慢腳步，好好感受一下猴硐的悠閒與寧靜，這裡不失為一處家庭親子遊或三五好友出遊的好地點喔！

新竹香山 19 公頃
無邊際青青草原

熱門超長溜滑梯

景點資訊

十九公頃青青草原

📍 地址：新竹市香山區草原路

　　位於新竹市香山區的十九公頃青青草原，有一座北臺灣最長的磨石子溜滑梯，總長 54 公尺，相當受到大小朋友的歡迎。這裡的前身為農委會畜產試驗所的放牧地，後來改為新竹師院遷校的預定地，但該計畫廢止後，決定改採低度開發而發展成現況。

　　目前市政府積極的對此處廣植各種植栽，如山櫻花、楓香、油桐樹、黑板樹、茄冬、杜鵑花、桂花……等，也加強設置周邊設施，如修建人工步道、公共廁所、停車場、景觀湖泊、綠化工程……等，相信未來到青青草原應該會耳目一新，更是個完善的休閒生態度假區了。

　　來到景觀臺放眼望去，景色十分優美，一望無際的大草原，著實讓人身心舒暢。除了前方最受歡迎的四座溜滑梯外，中段的部分還設置了攀爬遊戲設施。

　　最高、最刺激的溜滑梯，限制身高必須 140 公分以上才能進入遊戲，此座溜滑梯自啟用以來，不論假日或平日，總是能吸引滿滿人潮，瞬間成為熱門的親子景點。

　　這裡的溜滑梯規畫得十分不錯，年紀較小的孩童，可以和家長一起溜黃色溜滑梯，享受親子同樂。

奧爾森林學堂

桃園虎頭山新亮點的童話樹屋

景點資訊　　　　　　　　　　📞 電話：(03)394-6061

奧爾森林學堂

📍 地址：桃園市公園路 42 號

　　許多桃園人兒時記憶的虎頭山公園，於 2012 年大變身，並有個嶄新的名字，就是「奧爾森林學堂」。

　　「奧爾」取自貓頭鷹的英文「OWL」，這裡最醒目的就是廣場內的貓頭鷹雕像，廣場四周還有許多貓頭鷹陶藝品展示，一旁也有專人解說各種貓頭鷹的生態，若時間許可，一定要參加園區內的導覽解說。

　　園區內的樹屋群，以葉子造型的綠野方舟為主而串連到各個角落，貓頭鷹造型的咕咕屋裡設計了孔洞，可以透過這樣的設計，觀察鳥兒在樹上的生活。另外，綠野方舟上則是可以觀察到樹木開花結果的生態，其中樹屋利用雀榕善於纏繞的特性，讓樹木與樹屋共同成長，是一座內容豐富的生態教室。樹屋內正在進行「故事媽媽說故事」，過程中還有有獎徵答，答對的人可獲得特別獎勵哦！

　　「奧爾森林學堂」在活動或設施上，都能讓小朋友在這裡消磨大半天，除了玩耍之外，更能學到豐富的知識。要注意的是，這裡由於樹林茂盛，前來要做好防蚊措施，以降低蚊蟲叮咬的可能性。

桃園林可可家的牧場

寵物毛小孩與兒童的夢想樂園！

景點資訊

林可可家的牧場

📍 地址：桃園市龍潭區十一份路 196 號

📞 電話：(03)471-1508

🕐 開放時間：11:00 ～ 21:00

💲 收費方式：每人 100 元

　　「林可可家的牧場」位在石門水庫石管局附近，白色的建築外觀彷彿是一間私人高級招待會所。這裡標榜親子寵物友善餐廳，頗有偶像劇拍攝場景的氛圍，超大型的「大草原區」，可以讓寵物在此盡情奔馳。而室內還有一座兒童遊戲室與遊戲沙坑，足以讓小朋友流連忘返。

　　室內空間寬敞舒適，半開放式的包廂座位清新明亮，可以讓人一邊用餐一邊欣賞美景。餐點種類有套餐與單點，也有兒童餐與寵物特製餐點。吧臺旁販賣著寵物相關用品與食品，而且餐廳還非常貼心的為小朋友準備了蠟筆與畫紙，做為用餐的小禮物。餐廳內除了親子親善設施外，還有豪華的全自動寵物美容室，而後方的 VIP 室可供私人聚餐聚會，不受外面打擾。

　　「林可可家的牧場」對於同時擁有毛小孩與小小孩的家庭而言，稱得上是一大福音，讓身在都市中的這些朋友，有個空曠又舒服的場所玩樂，既能好好放鬆的跑跳，又能享受可口的大餐，真是太幸福了。

桃園陽明公園

賞櫻親子遊

景點資訊

陽明運動公園

📍地址：桃園市長沙街 11 號

📞電話：(03)376-9179

　　桃園的「陽明運動公園」位於介壽路、長沙街、建新街與保羅街之間，座落於大樹林地區，園區設計頗具特色，也是桃園最大的運動公園。

　　每到乍暖還寒的春天，便是櫻花盛開的季節，雖然「陽明運動公園」沒有武陵農場的櫻花壯觀，但這些櫻花樹搭配著初春久未露臉的陽光，一大片青翠的綠地同時映襯著，也構成了一幅美麗的風景畫。

　　公園裡的親水區、兒童遊戲區與偌大的草坪是小朋友的最愛，巨大的老榕樹成為園內代表性的植栽。而露天圓型小劇場，是各項民俗文藝活動最佳表演場地。此外，公園內溜冰場、網球場、籃球場、槌球場等設施，都是運動休閒的好地方。

　　陽明公園除了賞櫻之外，也很適合親子一同在此散步玩耍，不妨趁著好天氣全家一同來此走走。

臺中赤腳丫生態農莊

聚餐、聚會、開趴人氣熱門休閒景點！

景點資訊

赤腳丫生態農莊

📍 地址：臺中市大雅區雅潭路三段 500 號

📞 電話：(04)2569-0125

🕐 開放時間：10:00 ～ 21:00

「赤腳丫生態農莊」是相當熱門的親子餐廳暨休閒農場，農莊裡最吸睛的就是那一大片黃色的風車海，黃綠相間再搭配草原中的裝置藝術，美輪美奐。沿草原旁的木棧道前進，就能到達園區內的餐廳、生態體驗區和烤肉區。

悠閒的沿原生池旁步道向前，整條步道上清風徐來，特別舒爽。農場的兒童歡樂屋簡直就是孩子們的快樂天堂，它不只是座大型的溜滑梯設計，還結合了球池的巧思，在最下層布置了一間球池屋喔！

穿過祕密花園後，進入另一區大草原，也能到達「菇菇的家」，完善的 DIY 活動場所，可烘烤 PIZZA 或是麵包，旁邊則為烤肉區及生態教室。園區的沙坑是最受小朋友們歡迎的，而且範圍很大。一旁還有蝴蝶的家、寵物的家可讓小朋友觀賞，大片草地可供嬉戲奔跑，戲水區也是極受歡迎。

農場的用餐環境既明亮又寬敞，除了主餐及飲品外，也有供應下午茶。看孩子們個個都玩得眉開眼笑、流連忘返，身為父母也感覺非常值得。

南投埔里牛尾社區輕旅行

你好嗎？

景點資訊

埔里鎮牛尾農村發展協會

📍 地址：南投縣埔里鎮牛眠里牛尾路 8-7 號

📞 電話：0919-967397（潘理事長）、
0963-484894（林總幹事）

🚗 自行開車：國道 6 號終點出口左轉後，經
埔霧公路右轉內埔橋，即可進入牛尾社區。

　　牛尾社區是由牛尾、守城及內埔三個核心聚落所組成，位於國道六號終點，為通往魚池日月潭、霧社、清境農場的重要中繼站，北倚埔里關刀山，南傍眉溪與國道六號，東與臺一農場為鄰，西與中臺禪寺相望。

　　透過牛尾農村發展協會的安排，可利用單車行的方式繞行遊玩。經由農村領隊的帶領，不時可以看到路邊種植當地名產「茭白筍」，以及許多高品質的農產品，如開運竹、聖誕紅，還有像是玫瑰、火鶴、大里花、瓜類、葉菜類、甘蔗、水稻……等等。

　　「百年大圳紀念碑」是紀念百年歷史的引水隧道而設，當年引水灌溉牛眠里境內所有水田，養活了數千居民，對農業新興發展功不可沒。在工作人員用心的維護引水排砂下，發揮了應有的功能，對於牛尾社區的農民幫助良多。

　　往內埔庄方向途中，還會經過知名的「多喝水」工廠，而且這裡可是「多喝水」全臺唯一的取水處，可見得埔里出好水，並非浪得虛名。

　　在「牛尾社區」所享用的午餐，大多為平常所見的家常料理，不過平凡的家常菜來到這兒，經過自己親力親為之後，反而變得有趣而不平凡了。餐後還有 DIY 課程，利用花圃裡摘來的花進行拓印。精彩的課程結束後，循著遊園路景觀步道，前往「地藏院」。

　　地藏院的「農禪」園地裡，種植著許多寺中師父所需的生機食材，一旁還有造型特殊的觀景臺，院區外的綠林旁，除了規畫設立「清涼園」及「禪林」外，亦規

畫了大型的松園綠地停車場,打造優美方便的參訪設施。禪林內景觀設置有許多佛門意象或雕像、石碑,林中禁語供人隨喜與天地為鄰打坐參禪、明心見性。院方為弘揚佛法,積極舉辦法會、禪修、朝山等活動,為佛門子弟提供一個修行的重要據點,算是個陶冶心靈之地。

　　不妨放下都市叢林裡爾虞我詐的生活,回歸質樸,一同參訪南投埔里的「牛尾社區」,好好享受一下輕鬆自在的田園風情吧!

南投埔里桃米
電動自行車低碳一日遊

這裡不再只有「紙教堂」

景點資訊　　　　　　　　　📞 電話：(049)291-4105

走，讀桃米人文空間
📍 地址：南投縣埔里鎮桃米里桃米巷 32-1 號

　　「紙教堂」一直是日月潭附近的熱門景點，然而為了維持桃米生態村的旅遊品質，降低遊客帶來的干擾，並串連周邊景點的交通路線，桃米生態村引進了電動自行車，車身還融合了蝴蝶與 Q 版青蛙的彩繪圖案，讓遊客可以到這裡來進行深度的生態之旅。

　　桃米生態村周遭的景點除了紙教堂外，還有桃米親水公園、茭白筍體驗區、黑豆園（午餐）、布拉姆索鄉村民宿、樹蛙亭、同心橋、造紙龍手創館等，接著就一起騎著電動車，來一趟輕鬆的一日遊吧！

　　「桃米親水公園」是孩子們最喜歡的地方，園區內的親水設施與戲水池，相當適合親子體驗玩水的樂趣。這裡也是一處兼具創意與環保的親水公園，戲水池裡的清澈水源皆來自山邊湧泉，踩在水中整個涼意由下往上竄，頓時暑氣全消了。

　　離開了「桃米親水公園」，接著進行茭白筍體驗，體驗前得換上青蛙裝，小朋友們可以直接搭小船體驗。採茭白筍並非靠著蠻力，而是要拿捏角度，也要避免傷到茭白筍本身。費了九牛二虎之力，終於採收完成，當下還能直接生吃自己所採又甜又嫩的茭白筍，真是奇妙！

　　在「黑豆園」用餐後，來到了「布拉姆索」鄉村民宿。「布拉姆索」鄉村民宿

共有五間房,名稱源自於《托斯卡尼豔陽下》這部電影,整個民宿強調的是南歐綠蔭、義式古居和鄉村風情。

「樹蛙亭」的外觀是以公蛙和母蛙來區別男廁與女廁,而且母蛙旁還有以她的卵泡作為造型的小屋,做為平常開會、受訓、交流的場所。不過來到「樹蛙亭」,最刺激有趣的活動,莫過於「小草湳蜻蜓流籠」體驗。另外,在「茅埔坑濕地同心橋」,需要過橋的二個人同心協力才能一起跨越,在此可以考驗彼此的默契,也相當有趣。

「造紙龍手創館」是一間以「紙」為主角的觀光工廠,館內布置全部以「紙」為素材,並且發運各種創意,大量運用自己製造的產品來設計,孩子們可以實實在在的觸摸到各種材質紙張。除了一樓的「機械造紙靜態展示區」外,在二樓「達人作品展示區」可看到許多由紙張所組成的卡通人物或電影主角,如櫻桃小丸子、藍色小精靈、變形金剛⋯⋯等,相當吸睛。

廠外也有 DIY 體驗區,而且一旁的電視還有教學影片示範,不用擔心學不會。「造紙龍手創館」可說是集各種創意之大本營,可以看到採用紙張製成的各種生活用品或精品,讓人大開眼界。

不妨暫時放下手邊的工作,一起到桃米來一趟低碳旅行,享受樂活慢遊的自在生活吧!

雲林臺西小小漁夫摸魚趣

無毒好蝦尋寶趣

景點資訊

臺西海口生活館
📍 地址：雲林縣臺西鄉中央路 1066 號
📞 電話：(05)698-3173
🕐 開放時間：10:00 ～ 18:00（週一、二休館）

金湖休閒園區
📍 地址：雲林縣口湖鄉崇文路二段 402 巷 50 號
📞 電話：(05)789-5475
🕐 開放時間：08:00 ～ 17:00

田媽媽——蛤仔輝料理風味餐
📍 地址：雲林縣臺西鄉五港村五港路 428 號
📞 電話：(05)698-4911
🕐 開放時間：10:30-21:00

好蝦冏男社
📍 地址：雲林縣口湖鄉梧南村東興路 1 號
📞 電話：0922-732-776
🕐 開放時間：假日 10:00 ～ 17:00

　　「行政院農委會漁業署」為推廣漁村產業旅遊向下紮根，遂以學童為主要推廣對象，打造「小小漁夫摸魚趣」系列活動，行程包括了「臺西海口生活館漁業體驗、金湖休閒園區 DIY、好蝦冏男社、田媽媽——蛤仔輝料理風味餐」，不僅寓教於樂，而且能讓大人與小孩有得吃、有得玩又能 High 翻一整天喔！

　　「臺西海口生活館」位在臺西海園內，園區內濕地生態豐富，館內以海洋知識、環境教育以及供遊客體驗漁人的生活為主，並搭配一些裝飾藝術。本館運用「高腳屋」設計，避免因海水倒灌而造成淹水的措施，特色十足。走到二樓陽臺，可享有絕佳視野景觀，眺望這一大片臺西海園。這裡也會舉行闖關活動、划膠筏與摸蛤蜊，有趣又豐富的體驗過程，讓孩子們了解保護生態環境的重要。

　　「田媽媽——蛤仔輝料理風味餐」是行程中所推薦的餐廳，每一道都是採用新鮮的在地食材加以用心烹調，假日前來若沒有提前預約，恐怕就吃不到這充滿在地口味、鮮美可口的菜餚。

　　接著前往「金湖休閒園區」進行泰式鮮沙拉 DIY，過程中完全要由小朋友自己

動手，家長只能在一旁當觀眾，完成後還要讓小朋把做好的沙拉夾到盤子裡，獻給爸爸媽媽，相當有意義。現場除了沙拉的製作外，也販賣一些當地農物產品，若是時間許可，在這裡漫遊人文風情與農遊樂趣也是不錯的選擇。

　　大家都聽過無米樂，但你聽過「無蝦樂」嗎？「好蝦冏男社」的命名背後可大有學問，「好蝦」有兩個涵義，第一是想養出好蝦，第二是養殖的方式好瞎（因為顛覆了傳統的慣性養法）；至於「冏」原本是哭笑不得，在這裡則解釋為創新突破。

　　主人阿正說：「大堡礁，一個令全球羨煞的工作我不用去應徵，因為我就在臺灣的大堡礁，每天有蝦子活蹦亂跳的陪伴，還有烏龜、吳郭魚等，更重要的是不用離鄉背井，每天都有家人陪伴，三不五時還有外地遊客或志工前來幫忙，也因此結交了許多好友，這就是我認為最幸福的工作。」

　　另外他也半開玩笑地說：「當兵在海軍陸戰隊，看來就是註定要搞海陸的。」阿正現場示範簡單烹調他們家的無毒蝦，而且純天然不用多加調味，那陣陣香氣撲鼻，讓人垂涎三尺。吃起來肉質Q彈，滋味鮮美，與一般的蝦子截然不同，還可以

採用不同的料理方式，口味多變，但品質依然新鮮不變。

除了無毒蝦外，這裡的自製香腸有別於市面上，除了紮實富彈性，而且瘦肉略多一點，吃起來一點也不膩口，讓人一口接一口。阿正不時會召集附近相同理念的農家業者，到這兒來介紹並展售他們自家的產品，極具意義。

阿正還會教大家使用蜈蚣網到池畔邊捕撈，他不僅會現場示範八卦網的捕撈，也會讓大家親自操作體驗。興奮時刻就是收網後，將蜈蚣網內的漁獲倒出來的那一刻，特別是沒見過現場剛捕撈上來、活跳跳蝦子的孩子們，更顯好奇和興奮。

一整天的行程可說是紮實又好玩，不僅可以讓孩子玩得開心，吃得健康又美味，還能獲取新知，學習環保，保護地球，相當推薦爸爸媽媽帶著小朋友一起來參與。

彰化探索迷宮歐式莊園

IG 人氣打卡熱點！

景點資訊

探索迷宮歐式莊園

📍 地址：彰化縣和美鎮東谷路 47-75 號

📞 電話：(04)735-4126

🕐 開放時間：10:00 ～ 21:00（週一公休）

彰化和美附近竟隱藏了一座超大綠色迷宮的歐式莊園，莊園內營造出的夢幻場景，成為 IG 自拍打卡的熱點。「探索迷宮歐式莊園」園區一邊是歐式莊園，一邊則是幼兒園，每到假日幼兒園區也對外開放，讓所有小朋友都能享用裡頭的遊戲設施。

園區有一整排的落羽松，也有最受小朋友歡迎的沙坑、溜滑梯以及可四處奔跑嬉戲的大草坪喔！餐廳二樓還設置了「探索親子遊戲屋」，遊戲屋裡提供了賽車遊戲、廚房玩具、大型球池、攀爬遊戲、扮裝遊戲、旋轉木馬⋯⋯等。

走出餐廳，花草扶疏、綠意盎然，迎面而來就一座大型雪白色的沙坑，相信莊園主人一定花了不少心思維護與打理環境。跨過那巨型拱門，感覺好像要進入中古世紀的歐洲似的，只是沒想到拱門的另一邊，竟有著造型可愛的積木屋。

而一旁的落羽松步道，漫步在步道上特別輕鬆愜意，步道盡頭像是要進入另一座莊園似的，往制高點一看，此刻才豁然開朗，原來這一大片綠油油的就是「迷宮」。

「迷宮」四周布置了各種拍照的小布景，讓大家來到這兒可以各取所需，拍到天荒地老！

嘉義板陶窯交趾剪黏工藝園區

巨型貓咪天橋超吸睛！

景點資訊

板陶窯交趾剪黏工藝園區

📍 地址：嘉義縣新港鄉板頭村 45-1 號

📞 電話：(05)781-0832

🕐 開放時間：09:30 ～ 17:30

💲 收費方式：每人 100 元

　　位於嘉義新港的「板陶窯交趾剪黏工藝園區」，園區內布置了水車、瀑布、流水、小木屋……等園林造景，還有可愛的草泥馬、小動物區、貓咪天橋、落羽松戶外庭園區、遊樂區，以及小朋友喜愛的迷你小火車區，如此豐富又多元的環境設施，讓人流連忘返。

　　園內餐廳裡招牌的陶板燒套餐，特別利用自製的陶鍋裝盛，嚐起來別有一番滋味。而在體驗工坊，是讓親子一起感受傳統工藝互動的樂趣所在，這裡的活動項目有陶盤彩繪、剪黏馬賽克拼貼、陶偶彩繪、陶板彩繪等，每個項目的難易度不同，指導老師會根據製作者或孩子的年齡給予適當的建議。

　　進行 DIY 彩繪上色的部分必須得先在一旁調色，以免一上色後無法修改。至於「貓頭鷹陶偶彩繪」與「剪黏馬賽克拼貼」，根據老師的經驗，「剪黏馬賽克拼貼」的難度對孩子來說會高一些，因為需要較多的創意與手眼協調的能力，也需要較大的力量來剪磁磚，這些都需要大人的協助，而這樣的方式正好能促進親子互動關係。

　　戶外遊憩區的造型愛心，是眾人取景的首選，也象徵情侶或家人間的感情。庭園裡不只有各種可愛的陶藝公仔，還養了一些小動物，當孩子沉浸在觀賞小動物的同時，大人則可以坐在落羽松下的湖邊，倘佯這片自然風光。

　　而園區內的的投幣式小火車，除了可以一圓孩子們充當列長車的夢想，途中還

會穿過山洞、森林、平交道，十分有趣喔！此外，「板陶窯交趾剪黏工藝園區」最大的亮點與地標，應該就是超巨型的貓咪天橋了，橋下廣場安排了許多動物碰碰車可乘坐遊玩，現場許多有趣的意象設計，不禁令人會心一笑！

嘉義諾得達林休閒觀光園區

免出國之峇里島南洋風！

景點資訊

諾得達林休閒觀光園區

📍地址：嘉義縣大林鎮排路里排子路 1-6 號

📞電話：(05)269-5988

🕐開放時間：08:00 ～ 17:00

💲收費方式：每人 100 元（可全額折抵園區消費）

位於嘉義大林交流道旁的「諾得達林休閒觀光園區」，是由國內知名的「天良生技」所創設，廣大的草原、岩磐步道、石英砂戲沙池、九曲橋生態池、兒童遊戲區、池塘造景，以及精心打造的峇里島南洋環境，都顯出業者的用心。

「石英砂戲沙池」是園區最吸睛的焦點之一，小朋友們可以盡情在這片廣大的沙池裡玩耍。沙池中的超大型溜滑梯也是孩子們的最愛，不僅可以訓練孩子們手腳協調的攀爬能力，而且還有各式不同的滑道，可讓孩子百玩不厭。在石英砂戲沙池旁的景觀餐廳，周圍設置了十分別緻的座位區，讓遊客能感受到那股南洋風味的休閒風。

而峇里島原裝進口的涼亭裡，燈飾也特別裝點過，每個涼亭外頭都有不同的南洋風格雕像，有種在峇里島度假的錯覺。生態池中隱約可見一些水生蓮花，環繞在池畔周圍綠意盎然，不時都有一些工作人員在整理花圃。

除了石英砂戲沙池與九曲橋生態池外，一旁還有廣大的草原，在園區內既可以讓小朋友玩耍，大人也可以在發呆亭裡休息，十分愜意。

臺南鹽水巡禮

在地人帶我尋幽攬勝

景點資訊

臺南鹽水

📍 地址：臺南市鹽水區

　　臺灣俗諺說：「一府、二鹿、三艋舺、四月津。」其中月津指的就是現在的鹽水，可見得清代時期鹽水的繁華。

　　第一次走進橋南老街，街上的「泉利打鐵店」是一間堅持手工打鐵的百年老鐵舖，特別是採用「午時水」打鐵，做出來的鐵器會更加堅固耐用。由橋南老街水井再往下不遠的「橋南咖啡」，既是遊客服務中心，所在位置正是有百年歷史的「清平社」駐地，相傳他們曾獲康熙皇帝的青睞，有機會到橋南老街的話，一定不能錯過。

　　「北帝殿」是南橋老街的信仰中心，供奉北極玄天上帝，其門神彩繪為「天龍」和「地龍」，與一般寺廟不同，是這裡的一大特色。而在武廟一旁的鹽水文物陳列館，集合了關於關聖帝君的雕像、畫作與介紹。

　　而由「永成碾米廠」改建的「永成戲院」，當時除了放映電影外，也有歌舞劇，曾是鹽水政商名流的最愛，目前採常態性開放參觀。來到鹽水一定不能錯過鹽水意麵，那肉燥味香而雋，麵條軟中帶勁，簡直讓人一口接一口停不下來。

　　「八角樓」也是鹽水的地標之一，同時是保留最完整的木造建築，原為三進二落，第一進在太平洋戰爭遭美軍炸毀，第二進在日治時期因擴充庭院而拆除，第三進則是現存的八角樓。對面的王爺巷內有上百年歷史、主祀池府千歲的廣濟宮，漫步在巷道中，沿途可看到不少特殊的建築工法，而百年的陳家古厝就在面前。

另外，鹽水的天主堂有著中國式的宮殿門樓，兩側則有一對石獅鎮守，是一座中西合璧的建築。裡頭的造型與臺灣的廟宇神似，就連屋頂上耶穌的壁畫也走中國神仙風格的樣子，應該是為了拉近和本地教友的距離。

　　鹽水著名的傳統中藥店「墩山堂」，屋頂上竟有著一隻金雞！據說日治時期鹽水擁有官方許可販售鴉片的地方只有兩家，其中一家就是「墩山堂」，可見他們當時風光的程度。

　　「魚鱗巷」又稱「銀帶街」，因為以前常捕捉「皮刀魚」的漁民，上岸時雙手總是沾滿閃亮的鱗片，前往街上吃飯時習慣將手上的鱗片抹在小巷兩旁牆上，日子久了，沾滿鱗片的牆到了月明之夜就閃閃發光因而得名。

　　有機會的話，期盼大家不只來鹽水看蜂炮、或是賞月津燈節，它的小角落裡正蘊藏許多故事等著我們去發掘。

花蓮鳳林

慢城漫遊，國際認證慢慢玩！

景點資訊

鳳林客家文物館

📍 地址：花蓮縣鳳林鎮中華路 164 號

📞 電話：(03)876-2625

🕐 開放時間：08:30 ～ 12:00、13:30 ～ 17:00
（週一及民俗節日休館）

花蓮縣鳳林鎮靠著「慢食」和「慢活」的條件，於 2014 年獲得國際慢城認證，成為國內第一個通過該認證的小鎮，成為「國際慢城組織」會員。

鳳林的舊地名是「馬力勿」，在泰雅族語中為上坡的意思。花蓮縣境內有很多校長及教師出自鳳林，這般的人文成就，也衍生出「校長夢工廠」的說法。

當年日本人曾在花蓮設立三個官營移民村，其中的「林田移民村」位在鳳林的大榮里、北林里，因此若來到這二個里附近，還可以見到一些日式建築與日本移民村的街道景色。

另外，不妨可以提前預約，前往「客家庄移民村警察廳」租借服飾，變裝成當年在地居民與警察的模樣。鳳林公園的水泥溜滑梯看來頗有歷史，也是孩子人們最愛嬉戲的所在。公園裡頭就是「鳳林客家文物館」的主要展館所在，館內介紹百年來客家族群到後山開拓的史料，以及在這兒的客家生活型態。

而「鳳林鎮花手巾植物染工坊」原本是一棟閒置的仿傳統菸樓，在鳳林鎮文史工作協會的努力及鳳林鎮公所的支持下，發展出屬於地方特色的植物染染織藝術。

花蓮瑞穗吉蒸牧場

暢飲秀姑巒黃金鮮乳、享奶香鍋、逛動物園

景點資訊

吉蒸牧場

📍 地址：花蓮縣瑞穗鄉中山路三段 230 號

📞 電話：(03)887-5588
🕐 開放時間：08:00 ～ 17:30

　　提到花蓮的牧場，或許大家第一個想到的是瑞穗牧場，然而花蓮還有一處「吉蒸牧場」也極具特色，不僅有香濃鮮奶鍋、65 黃金鮮乳（秀姑巒鮮乳）、特濃牛奶糖、鮮奶饅頭、鮮乳酪、鮮乳冰淇淋……等鮮乳製品外，還有一大片綠油油的草原，草原上還有孩子們最喜歡的遊樂設施，像是盪鞦韆等。另外有可以一邊享受餐點一邊眺望美景的景觀餐廳、適合全家同樂的親子動物園，以及荷蘭種黑白乳牛的牧場。當然，吉蒸牧場也推出了乳香之旅的行程規畫喔！

　　由於「吉蒸牧場」正好位在秀姑巒溪泛舟的起點，所以這兒的鮮乳又被稱作「秀姑巒鮮乳」。來到大廳一樓，裡頭擺放了許多可愛的乳牛裝飾，十分討喜，另一邊為牧場販賣部，販售了各項牧場相關紀念品及鮮乳美食製品。

　　「吉蒸牧場」標榜所生產的鮮乳為 65 黃金鮮乳，其中「65 」是指牛奶經過攝氏 65 度「低溫」殺菌 40 分鐘，營養價值更高。加上這裡曾榮獲無毒農業標章，可見得這兒的乳牛都在無毒環境中長大喔！

　　從二樓景觀餐廳的戶外用餐區向下看，正好就是大草原，可以看到一群孩子們正在遊樂設施上開心玩耍。景觀餐廳除了可以欣賞四周的絕美風景外，重點就是要品嚐一下招牌的奶香鍋。

　　往親子動物園的林蔭大道綠意盎然，站在林蔭大道上遠望，剛好可以看到乳牛們正在休息。來到可愛動物園，正好讓小朋友們可以認識一下小動物，這裡有驢子、

迷你馬、山羊等。其實氣候濕熱的臺灣，先天並不適合發展酪農產業，但因為北回歸線恰好通過花蓮瑞穗，因此這裡的畜牧環境比起臺灣西部條件上好一些，也造就了這些牧場和鮮乳的出現。

花蓮野猴子樹冠層探險

帶孩子當泰山＋空中飛人！

景點資訊

野猴子探險森林

📍 地址：花蓮縣壽豐鄉月眉路三段 10-1 號

📞 電話：(03)854-7409（須預約報名）

🕐 開放時間：09:00 及 14:00，累計 4 人成行（活動時間約 2.5 小時）

💲 收費方式：每人 800 元（樹冠層探險）

「森林小泰山，我來啦！」

在花蓮縣壽豐鄉月眉國小附近，有座「野猴子探險森林」，能幫孩子圓小泰山的夢喔！這裡有多種課程，其中的「樹冠層探險」，是臺灣唯一的森林空中生態探險旅遊，看起來好像必須經過野戰部隊的訓練，其實只要先經過課程講習，穿戴安全吊帶在森林上空行走，並在鋼索上滑行，沿途就穿梭在空中平臺與樹冠層之間。當中不只是爬上爬下，還包含了滑索、棧道、吊橋、爬梯等各式關卡，將繞行森林一圈最後滑行到終點完成體驗，是家庭親子旅遊的另類選擇！

進到「野猴子探險森林」的服務中心，先找服務人員報到，櫃臺前有免費的餅乾、咖啡可自由取用。服務中心旁有森林小火車，看起來也相當有趣，不過只有假日才開放。

「樹冠層探險」活動最少要四個人才能成行，活動開始前必須進行行前講習訓練。在講習訓練中，會教大家如何穿戴安全設備，需注意哪些地方？也會特別叮嚀大家測試一下適合的鬆緊，不可太鬆避免危險，不必過緊以免疼痛。安全確保系統的 T 型頭很重要，主要執行滑行任務外，也要隨時注意不能讓它掉到地上，闖關時不是拿在手上就是掛在脖子上，否則可能因為撞擊而損傷這重要的系統，影響我們的生命安全喔！

剛開始教練會先在練習區示範每一個動作細節，並讓每個人都有練習的機會。

接下來就要準備到真正高臺叢林場地裡冒險囉！剛開始的高度約莫1、2層樓，將安全確保系統的T型頭卡進軌道後，就得準備滑降了。森林滑索、空中吊橋、棧道式吊橋……等，慢慢升到了看似無底深淵最高的高臺，這滑行的高度相當刺激，不過只要教練和隊友們大家同心協心互相關照，每位夥伴都能順利過關。

　　接著會看到正前方掛著「後悔平臺」四個大字。由於一方面爬到這裡早已滿頭大汗，體力付出許多，可以暫時在這個平臺休息一會兒；另一方面，如果要繼續往

下走，就只能一路到終點才能結束，中途不能放棄，若不想玩就要現在離開，只要一上「後悔平臺」就是不能後悔！不能後悔！不能後悔！

後悔平臺之後的關卡難度漸漸增加，不僅滑行的高度增加，就連長度也增加了。其中的「Ｖ字索」考驗個人的平衡感，只要抓到前進又能保持平衡的要領，就能順利過關。

另外，整個冒險過程可以觀察到豐富又多樣的雨林生態環境，像是常見喬木為大葉楠、澀葉榕、白榕、咬人狗、山龍眼、水冬瓜、七里香……等。終點之前的前一段滑行道，應該是距離最長的，完成任務後只要時間許可、體力足夠，教練就允許你可以再多滑幾次。

現代的環境不論大人或小孩待慣了都市，經常久坐或者運動時間太少容易養成文明病。有這麼一個環境可以讓一家人同心協力培養感情，運用全身的力氣爬上滑下，又能接觸大自然生態環境，如此一舉數得的活動，保證值回票價。

花蓮新光兆豐休閒農場

倘佯王菲草原！

景點資訊

新光兆豐休閒農場

📍 地址：花蓮縣鳳林鎮永福街 20 號

📞 電話：(03)877-2666

🕐 開放時間：08:00 ～ 17:30

　　某天「新光兆豐休閒農場」突然星光閃閃，原來是天后王菲受邀前來拍攝乳品廣告。於是這樣的美景就在天后加持下，把拍攝場景命名為「王菲草原」！

　　「新光兆豐休閒農場」最醒目的地標就是凱旋門了，草地上也設置了一些拍照的裝置藝術，是留下全家福合影紀念的好地方。由於農場實在很大，因此也提供了腳踏車與電動車等交通工具供遊客租用。

　　如果想和農場內的乳牛做近距離接觸，可以購買牧草餵牛，事實上只要細細的品味農場內的各個角落，就能慢慢感受這裡不同角度的美。

　　而農場內的「動物區」，是孩子們的最愛，裡頭包括可愛的兔子、土撥鼠、長毛天竺鼠，還有北美浣熊、長鼻浣熊、黃化浣熊、狐狸、梅花鹿、斑馬、駱駝、水鹿、羚羊等，除了觀賞外，還可以享受動手餵食的樂趣喔！

樂遊關山花海

免飛日本，彩虹花田就在這！

景點資訊

關山花海

📍 地址：臺東縣關山鎮昌林路 24-1 號（關山鎮農會休閒旅遊中心旁）

　　臺灣各地積極推廣觀光的同時，也仿傚日本造起了一座偌大的彩虹花田，而這個地方就在臺東的關山。「關山花海」距關山市區有一小段距離，若是從臺東北上往花蓮的方向，過了關山火車站後，開車大概約五到十分鐘的車程，在臺九省道右手邊有一間驗車廠，驗車廠的對面就是花海了。

　　花海的範圍十分遼闊，站在瞭望臺上鳥瞰全景一望無際，一片五顏六色。而花田裡那座心型的造形拱門，是每個觀光客打卡拍照的必要景點，若沒拍這兒，好像就白走一趟似的。

　　在花海的前半部分，除了可以賞花外，主辦單位還營造了一處養鴨小池塘，可以讓小朋友們在這兒觀賞小動物。而近年來臺東夏天最夯的活動，莫過於熱氣球節了，主辦單位也應景式的在此設置熱氣球的裝置藝術來相互呼應，拉抬聲勢。另一旁還設了尊達摩像靜靜佇立，顯得氣勢非凡！

　　徐志摩說：「數大便是美！」真的一點都沒錯，完全在這兒印證了！越往後頭參觀，花海的盛況也顯得越精彩美麗，放眼望去，波斯菊花海雖然在很多地方都見得到，但總覺得這裡特別茂盛，花朵特別豔麗，有可能是環境的差異。若是在風和日麗的豔陽天前來，景色肯定更加光彩動人。

　　走著走著，可以發現到花田間的小水溝中有座水車，真是別有一番農村的恬靜風情，同時也能觀察到四周賞花的遊客們紛至沓來，迫不及待的想要享受那片刻的

悠閒。田中笑臉的稻草人似乎在歡迎各位，敦促大家趕緊抽空趁著花期前來賞花。

　　依據農會官網的資訊，這裡的最佳賞花期為每年 12 月至隔年 2 月，而在花田拍照的同時，也希望大家發揮公德心，盡可能找一些花田中既有的空隙取景，千萬別逞一時快門的方便，不小心把花踩死，影響其它人賞花的權利。

Part 4

樂爸:「不只是樂園,沒那麼簡單!」

趣味走跳,嗨翻全家 94 狂!

BabyBoss
職業體驗任意城攻略祕笈

輕鬆暢遊京華城內「最熱門」的兒童樂園

景點資訊

BabyBoss 職業體驗任意城

📍 地址：臺北市松山區八德路四段 138 號 7 樓（京華城內）

📞 電話：0800-457888、(02)2171-3190

💲 收費方式：平日全天場及假日半天場 900 元／假日全天場 1000 元

　　「BabyBoss」是最熱門的親子旅遊聖地之一，包含了藝術設計、傳播文教、科技資訊、民生服務、餐飲消費、政府機關、醫療服務、交通物流、農林漁牧等 9 大職業領域，共有 50 個職業館與 70 個職業角色，可以滿足每位小朋友的小小夢想，讓孩子們身歷其境，體驗每一種工作的箇中樂趣。

　　當小朋友來到這座城市，會先發給他們專屬市民證，藉由市民證上網登錄，會完整記錄孩子所體驗過的每項職業，也可幫助了解小朋友的興趣，體會各項工作的精神，還能賺取 BabyBucks 酬勞，進而對工作、報酬、所得運用建立正確的價值觀。

　　透過「BabyBoss 城市地圖」，最重要的就是先把想體驗的職業項目勾選出來，然後參考各項目的場次時間來安排，希望在最短時間內，玩到最多的職業體驗。體驗任何職業都必須在時間開始前先到排隊座位區坐好，大人不可以代為排隊，而且每個職業都有名額限制，一些熱門項目如空姐、機師、太空人、披薩師傅、消防員、保全員、急診室救護員、儀隊、啦啦隊、野戰隊員……等，經常是一位難求，所以務必要算好場次的銜接時間，再配合動線規畫，才能一個接著一個順利體驗，否則就只能再等下一場時間了。

熱門職業館：

航空公司：小朋友可以選擇要扮演機長、空姐或空少，體
　　驗前須先行換裝，機長要從認識飛機開始到模擬駕駛飛
　　機；空服員則從登機、廣播到服務乘客，讓小朋友對心
　　目中嚮往的「空中飛人」有更深刻的了解，這裡可説是
　　全館最熱門的項目之一，要體驗前務必注意場次時間，
　　提早排隊。

體驗職業：機師、空服員

每場人數：機師 10 人／空服員 12 人

適合年齡：5 ～ 12 歲

體驗時間：45 分

太空總署：在太空總署裡，小朋友扮演航太工程師，負責
　　太空梭在地面的操作，並與外太空的太空人連絡，保護
　　他們的安全。

體驗職業：航太工程師

每場人數：7 人

適合年齡：5 ～ 12 歲

體驗時間：30 分

太空梭：小朋友化身為太空人，穿著太空人裝備搭乘太空
　　梭來到外星球，並且在模擬太空中進行體驗。

體驗職業：太空人

每場人數：9 人

適合年齡：3 ～ 12 歲

體驗時間：30 分

披薩屋：披薩屋也是個熱門的場館，當小朋友穿上制服
　　後，會由主廚教大家如何作出美味的 PIZZA，參加這項
　　體驗，需要另外繳交材料費喔！

體驗職業：披薩師傅

每場人數：16 人

適合年齡：4 ～ 12 歲

體驗時間：45 分

消防局：只要有車可坐的，似乎都是這裡的熱門項目，像消防員體驗就是其中之一。小朋友換上消防隊員的服裝後，坐上消防車準備前往火災現場救火。當抵達火場時，建物內會模擬火災的情形，小小消防員可藉由現場的水槍進行滅火，其他消防員則是在現場警戒維護，二邊人員皆會進行輪替，讓所有小朋友都能身歷其境的體驗。

體驗職業：消防員

每場人數：12 人

適合年齡：3 ～ 12 歲

體驗時間：35 分

保全公司：讓小朋友化身小小保全員，學習如何從銀行運送鈔票回保全公司，還要請家長充當搶匪假裝搶劫，讓小小保全員應付臨狀況，相當有趣。

體驗職業：保全員

每場人數：9 人

適合年齡：3 ～ 12 歲

體驗時間：35 分

急診室：小朋友在這裡化身為救護員，一開始需進行急救知識的講解，接著再坐上救護車，前往馬路旁救治傷患，全程模擬逼真且有趣，值得一試。

體驗職業：救護員

每場人數：10 人

適合年齡：3 ～ 12 歲

體驗時間：35 分

皇家儀隊／野戰部隊：在這裡有二種職業可選擇，小朋友可以化身為帥氣的儀隊隊員，雄糾糾、氣昂昂的隨著隊長大步向前；或是保家衛國的英挺軍人，跟著帶隊班長邊喊口號邊向前，特別是小男生帶著步槍幻想自己是勇敢的軍人，讓他們特別感到興趣。

體驗職業：儀隊野表演者、野戰隊員

每場人數：12 人

適合年齡：3 ～ 12 歲

體驗時間：50 分

綜合劇院： 當小朋友換上啦啦隊服後，會先在劇院內由大哥哥教授舞蹈，練習完成後便會帶隊至外頭表演給館內來賓欣賞，過程充滿動感與活力，十分有趣。

體驗職業：活力啦啦隊

每場人數：10 人

適合年齡：3 ～ 12 歲

體驗時間：40 分

此外還有許多有趣的項目，如警察局／打靶訓練中心、建築工地、芳療按摩舒壓中心、模型公司、藝術學院、奇異果果園、時尚沙龍、牙醫診所、報社、法院、航運公司、魔法廚房、蜜豆奶工廠、郵務局、精神堡壘、銀行……，等著大家前來體驗哦！

臺北・桌遊老爹

萬華不只有龍山寺、華西街夜市美食！

景點資訊

桌遊老爹

📍地址：臺北市萬華區廣州街 44 號

📞電話：(02)2308-8972

🕐開放時間：12:00 ～ 22:00

　　「桌遊老爹」位在萬華的廣州街上，外觀乍看之下會以為這裡是玩具店或文具店，不過只要看到騎樓的 LED 燈寫著：「若老爹睡過頭或去吃飯，你也看不到這個 LED 燈。」就表示沒走錯地方，看來「老爹」是個幽默的人呢！

　　進到店內，琳瑯滿目的桌遊令人目不暇給，而店內也提供了免費無線上網。如果一時之間不知道該找哪些遊戲同樂的話，可以請「老爹」為您建議。幽默風趣的「老爹」不僅會為客人推薦適合的遊戲，還會為大家細心講解與示範遊戲，甚至店內較空閒時，還會參一角加入遊戲陣容一起同樂，相當親切友善。

　　「桌遊老爹」雖然沒有華麗的裝潢，卻有著濃濃的人情味，上自老闆下至老闆的小孩，感覺就像是認識很久的朋友一樣，可以陪著大家歡笑玩樂，度過一個愉快的午後時光。

　　前來光顧的客人越晚越多，太晚來的話可就客滿了，想必喜愛桌遊的朋友很多，也不乏有親子同樂的家庭來此消磨時光。有興趣來「桌遊老爹」的朋友，最好事先電話詢問或預約，以免向隅。

新北板橋桌遊世界餐廳

美食與趣味雙推薦！

景點資訊

桌遊世界餐廳

📍 地址：新北市板橋區龍泉街 108 巷 7 號

📞 電話：(02)2253-2757

🕐 開放時間：11:30 ～ 22:00

　　「桌遊世界」位於板橋龍泉街住宅區內，這裡採最低消費制，若餐飲個人消費滿額，即可免費玩桌遊 3 小時。店內不可以攜帶寵物入內，禁止攜帶外食與禁止吸煙，有免費無線網路可使用。

　　店內布置明亮簡約，一樓最後面展示著各式各樣的桌遊，服務人員也會親切的為客人講解，角落一隅公布了該店的桌遊人氣排行榜，讓客人挑選遊戲時多了一個參考。餐廳二樓設有一間和室小包廂，可包場或分開使用，此外，餐廳也有提供兒童餐椅。

　　這裡適合親子同樂的桌遊非常多，像是德國心臟病、快手疊杯、妙筆神猜及超級犀牛，都能讓全家人玩得不亦樂乎。此外這裡提供的餐點種類也很豐富，大多是以中、西、義式簡餐或輕食為主，也有專為孩子提供的兒童餐點，每樣餐點也大多有附加說明與英文標示，有利本地人或外國人點餐，大家可以依各自喜好慢慢選擇。

　　別小看這間看似簡單的小店，如果沒有事先預約訂位，熱門時段很容易就客滿了。這裡的服務人員都很友善，除了送餐很積極外，對於客人的桌遊問題或建議，也很能耐心且細心回答。

　　若在休假懶得往郊外跑，或是不想到熱門景點人擠人，不妨帶著家人或是與三五好友相約來這裡殺時間、享美食，還可以訓練腦力，度過一個快樂時光。

桃園中壢
Bon Bon City 完整攻略

Baby Boss 新創室內兒童樂園就在中美村！

景點資訊

Bon Bon City

📍 **地址**：桃園市中壢區中美路一段 12 號 5 樓
（中美村內）

📞 **電話**：0809-037-888
🕐 **開放時間**：10:30 ～ 18:00（假日至 19:00）
💲 **收費方式**：孩童票 600 元、成人票 200 元

　　「Bon Bon City」可說是 BabyBoss 的姊妹城，同屬中興保全集團一手打造。一進入遊戲場內，映入眼簾的是布滿各種遊戲隧道的「叢林冒險區」，二層樓高的大型溜滑梯球池刺激又好玩，大受歡迎。角落不但有彈跳床，另一頭還有轟隆隆的「軟球空氣槍」，以及有著天女散花效果的「軟球噴水池」。

　　「轉轉馬戲團」分為旋轉木馬、咖啡杯旋轉鳥及蛋糕造型的遊戲，而「大腳印岩場」是一座小型的兒童攀岩場，對面則是一座小型溜滑梯球池的「勇闖海盜船」。6 樓兒童閱讀區旁則設置了一間「CANDY 派對屋」，讓想要舉行派對的小朋友有個獨立包廂可利用。

　　「小食神廚房」裡有各種大型廚房玩具，小朋友得先到一旁挑選準備料理的餐點食材，再到廚房料理。另外還有一座小蜜蜂農場，進場前得先拿取菜籃，就可帶著籃子進到農場採收了。農場對面的「Bon Bon Market」是一間小型超級市場，收銀臺上有各種任務等著小朋友去完成。「蝸牛公路」可模擬開車的樂趣，有各種上下坡道路，讓孩子感受真實情境。而「積木火車站」除了可以攀爬大型的積木玩具外，還可以在火車旁堆積木。

　　「Bon Bon City」就像個遊戲天堂，環境整潔清新，十分適合小朋友來此度過快樂的一天。

桃園謝宇明陶瓷文化藝術工坊／嚐趣壽喜屋

嚐美食 ・ 玩陶趣

景點資訊

謝宇明陶瓷文化藝術工坊／嚐趣壽喜屋

📍地址：桃園市八德區和平路 670 號

📞電話：(03)218-2992

🕐開放時間：10:00 ～ 22:00（週一公休）

　　「將陶藝生活化、生活藝術化」是這裡所抱持的宗旨，身為棋、琴、書、畫皆通的謝宇明老師，小至自己個人陶藝製品，大到景觀設計或公共工程都難不倒他。

　　來到這裡，可不能錯過陶藝 DIY 課程，特別是手拉坯。手拉坯的製作過程依序為定中心、開洞、處理底部、拉高、變形及完成，定中心前啟動手拉坯機並適應轉速，工作臺的旋轉可腳踩與手動，可依自己適應的轉速找出最佳手感。第二步就是開洞，當洞口漸漸出現了就能繼續下個步驟，相信光是體驗整個手拉坯過程，就會讓你愛不釋手。

　　接著到樓上的「嚐趣壽喜屋」飽餐一頓，即可準備進行下午的課程。接下來的課程有二種選擇，其一是「泡泡黏土貼畫」，另一種則是馬賽克拼貼，兩種課程都能讓小朋友滿意，尤其看到各自己設計的百寶箱與彩色筆筒，更有一番成就。

　　雖說這是感覺嚴肅的藝術課程，但在謝老師的教導下，他彷彿化身為孩子王，用孩子們了解的生動趣味的口吻帶動說明，現場毫無冷場。來到這裡不僅可以陶冶藝術的品格，還可以學習陶藝及相關知識，是個讓孩子們寓教於樂好地方。對陶藝 DIY 課程有興趣的朋友們，一定要記得事先預約才能參加喔！

桃園桌遊奶爸

桌遊 Fun 心玩！

景點資訊

桌遊奶爸

📍 地址：桃園市中埔一街 32 號

📞 電話：(03)215-1285

🕐 開放時間：平日 14:00 ～ 21:00
假日 12:00 ～ 22:00

　　「桌遊奶爸」位在桃園市中埔一街上，是一間具有良好口碑的桌遊店，內部空間寬廣明亮，特別是老闆親切友善，若有任何遊戲上的問題請教他，他都會相當熱心回答並且示範。就連遊戲缺一腳，只要他有空，也可以邀他一同參與哦！

　　店內擺設了各式各樣的桌遊，琳瑯滿目，種類繁多。老闆還會依小朋友的年齡及趣味性，幫帶著孩子的家長挑選適合的遊戲，而為免客人們在遊戲時嘴饞，店內也販售了一些零食及飲料。

　　這裡有幾款特別的桌遊，相當適合小朋友與家長們一起遊玩，如「哆寶 Dobble」、「Bingo Link 賓果連線」、「超級犀牛 Super Rhino」和「伐木達人 -Toc Toc Woodman」等，都非常容易上手又百玩不膩。

　　在這裡陪孩子待上一個下午，除了能讓彼此腦力激盪外，還可以增進親子間的關係，相當不錯。有興趣想帶孩子一起來同歡的話，不妨可以先行預約，來此做一下腦力的激盪，多一點團體的互動，比窩在家裡玩 3C 產品更好一些！

新竹煙波大飯店
湖濱館星際之旅

全臺首創星際太空艙兒童房外加玩瘋 2300 坪室內親子樂園！

景點資訊

煙波大飯店新竹湖濱館

📍地址：新竹市明湖路 773 號

📞電話：(03)520-3181
📠傳真：(03)520-3189

　　「煙波大飯店新竹湖濱館」是全臺十大人氣親子度假飯店之一，備受親子家庭旅遊喜愛，所以全新變身而推出五大星球超炫旅程的「卡樂次元」。這座全新規畫的「星球樂園」占地 2300 坪，是目前全臺最大的室內親子樂園，當中結合了星球主題、超大球池、各種趣味溜滑梯、彈力跳床、迷宮探索、360 度環繞車道、情境互動主題與探險等設施，帶著孩子在飯店裡就能歡度一個難忘的快樂假期。

　　此外，飯店更全新打造了「星際太空艙兒童房」，色彩繽紛的大型操控儀表板，馬上就吸引了小朋友的目光，房間內巨大的火箭佇立在面前，而且入住不僅有得看、有得玩，還有得吃、有得拿喔！

　　「卡樂次元」全區共分為五個主題設施，分別為：卡樂基地、波波綠星球、躲貓貓星球、咻咻星球與咖咖星球。樂園入口處旁的休息區備有飲水機，還有監視電視讓大人可以在此掌握孩子在場內的安全。

　　進入「卡樂次元」前需脫鞋著襪，如果臨時忘了穿襪子，可在現場櫃臺購買。這兒採分齡分區使用原則，適合 3 到 12 歲的孩童，而未滿 3 歲的幼童，也有專屬的俱樂部「小彩虹遊戲室」。

　　除了小朋友玩得流連忘返的遊樂設施外，不妨可以到隔壁的青草湖散散步，享受大自然的風光。

苗栗工藝園區

免費體驗創意生活！

景點資訊

苗栗工藝園區

📍 地址：苗栗縣苗栗市水源里水流娘 11 鄰 8-2 號

📞 電話：(037)222-693

🕐 開放時間：09:00 ～ 17:00（週一休館）

　　位在苗栗市的「苗栗工藝園區」，園區主場館旁有一大片草地，可以讓小朋友盡情玩耍奔跑，館內的「綜合工坊」，主要分為一樓的金工、竹藝、布藝工坊，以及二樓的兒童工坊。

　　「兒童工坊」入口處有播放影片，另一隅還有陶製臺灣各種鳥類展示。這裡宛如是座兒童遊戲室，可以讓小朋友在此體驗各式各樣的玩具，某些設計有別於其他親子館，像是體驗拓印與惜字磚的遊戲，既特別又好玩。

　　一樓的「金工工坊」與「布藝工坊」展示了許多別緻的作品，「陶藝工坊」研習教室也會舉辦 DIY 課程的體驗，讓孩子發揮創造力，捏出自己想像的造型。

　　若是有興趣到「苗栗工藝園區」逛逛，建議最好選擇假日前來，比較有機會參與各種活動或課程哦！

苗栗尚順育樂天地攻略

5D ＋ VR 體感室內樂園

景點資訊

尚順育樂天地

📍地址：苗栗縣頭份市中央路 105 號

📞電話：(037)539-999

🕐開放時間：10:00 ～ 18:00（假日至 21:00）

　　頭份的「尚順育樂世界」集合了尚順育樂天地、尚順購物中心及尚順君樂飯店，其中「尚順育樂天地」為亞洲首創 5D 奇境體感樂園，打造近萬坪寬闊室內體感樂園，媲美環球影城、迪士尼。

　　有別於其他大型遊樂園，「尚順育樂天地」可選擇購買套票，或是以單項設施使用悠遊卡扣款付費。前往遊玩之前不妨先到官網查詢各遊樂設施的票價，自行衡量一下該怎麼買比較划算。

　　這裡主打適合各年齡層的室內主題樂園，共分為 1 至 6 樓，除了最熱門的 VR 體感加 5D 奇境體驗外，也有挑戰小朋友體能的極限運動區，另外還有針對年齡較小幼兒所設的遊戲體驗區。

　　六樓「進擊的巨人」是大家狂推全世界首座以動漫為主題的飛行劇院。當故事開始後，身歷其境的刺激感馬上接踵而來，運用六軸體感模擬技術加上雙腳懸空的動感座椅，在逃跑和戰鬥的當下，經常覺得自己被甩到十萬八千里外。座椅搭配了整個環境創造出 360 度包圍式立體感。

　　同樓層的「搶救亞寶大作戰」，乍看之下有點像怪獸電力公司，遊戲主要是因為愛搞蛋的主角闖禍了，讓機器失去控制，於是開始了一連串的驚險體驗。六樓還有「攀岩走壁動能特區」，著裝完畢後得挑戰自己對高度的恐懼及平衡感，直到最頂端後再鼓起勇氣，一躍就順著繩索緩緩滑下，是一項相當有意義的活動喔！還有

繩索與木板串成的小小天空，以及可讓每位體驗者瞬間化身為空中飛人的導航家，也是趣味十足。

五樓「360 度翱翔熱氣球」有點類似臺北花博夢想館裡翱翔天際的感覺。這裡模擬乘熱氣球沿途飛過好多世界著名景點，加上山河、海洋、草原各種美景接連不斷，清風拂面，花香水霧，真是個美好的熱氣球之旅。

而「鋼鐵機甲戰隊」則是在虛擬實境中對抗入侵地球的機器人，考驗自己的反應力左閃右躲、快速反擊。至於「驚嚇高樓（自由落體）」採用 VR 虛擬實境，就如同玩大怒神瞬間降落那般。那種先緩緩上升後再瞬間急速下墜的體驗，腎上腺素瘋狂飆升的快感真是無法言喻。

四樓是「勇闖侏儸紀」，要穿越時空隧道回到侏儸紀，通過重重的難關和恐龍的追殺，在膽顫心驚的過程中再回到現代。另一邊的「銀行歷險」則是讓體驗者扮演尋找適合人類生存星球的太空人，沿途受到流星殞石、電磁風暴的衝擊等各種攻擊，最後要順利完成任務。

三樓的「梅萃雅魔法學園」也是有趣又互動性高的體感遊樂區，跨越了魔法封印之門後，就是一連串有趣的互動體感遊戲。彷彿進到《哈利波特》故事中的霍格華茲學院，透過體感互動的方式，真的好像自己充滿了無窮法力，可以不停的打怪得分，全程用盡全力、手舞足蹈的感覺，好玩又有趣！

最後來到二樓，「玩具幻想曲」就像是玩具總動員的情節，故事主角喬依無意間在神祕的玩具店買到一顆有魔法的石頭，它可以使玩具在夜晚活過來，於是喬依和玩具們在夜晚展開一系列的玩具幻想曲。一樓除了餐飲和服飾店外，其餘就是童趣休閒區及兒童充氣城堡，而大門口最明顯的，則是華麗又夢幻的旋轉木馬。「尚順育樂天地」創新與創意的玩法，遊戲種類多到足夠讓人「玩瘋」一天！

苗栗客家文化園區

這竟有好玩的祕密樂園！

景點資訊

苗栗客家文化園區

📍 地址：苗栗縣銅鑼鄉九湖村銅科南路 6 號

📞 電話：(037)985-558

🕐 開放時間：09:00 ～ 17:00（週二休園）

　　位於苗栗銅鑼鄉的「苗栗客家文化園區」，園區外頭頗有大型劇場的感覺，沿著設計感十足的天橋，進到極富設計感的館內，彷彿進入了時空走廊，那條走道就像是從古代的船艙中走了出來，接著展場隨即帶領大家進入了臺灣客家的歷史裡頭。

　　這裡有著大型的古代臺灣閩客風格建築，藉由栩栩如生的蠟像，描述客家阿公講古的情境，而一旁的客家大廳祠堂中，呈現了客家婦女幫忙家事的情景。這裡不僅有靜態展示，還有科技動態展示，裡頭像個池塘還有魚兒在水中游，就連稻田也由科技燈光模擬而成。

　　參觀路線逐漸來到現代的客家發展現況介紹，在影像互動專區引起了許多遊客的好奇心。尤其是「童話祕密基地」，裡頭有如童話世界般，還有互動遊戲牆，像是個小小表演舞臺，讓小朋友們興奮不已。而在「勇闖客庄」多媒體區也有多種闖關遊戲，可以讓小朋友動手體驗老祖先的生活智慧。

　　在青蛙的大嘴裡頭，感覺像是一座互動教學的小教室，其實裡頭是祕密基地——觸控體驗魔幻箱，介紹客庄山林生態，讓孩子們透過視覺、聽覺、觸覺，體驗夏夜山林的情境。此外還有孩子們最愛的溜滑梯、造型超可愛的土地公公仔，以及可以讓孩子模擬古時候如何在廚房中烹飪，既生動又有趣。

　　另一個展區展示了古時客庄婦女生小孩時的相關事物，中間破殼的蛋中種了一株植物，正好說明了婦女懷孕時有哪些禁忌和注意事項，以及特別重視的坐月子調

理，訴說著古時候在家生產到現今醫院生產的演變歷程。接著來到全球館，展示了世界各國的客家文化特展。而一旁的臺灣館也有不同的特展，外頭的販賣部可以在此小憩片刻，並欣賞窗外風景。

除了兒童館為常設性設施外，「苗栗客家文化園區」裡頭會不定期舉辦各項展覽，出發前不妨事先查詢官網的展覽訊息，相信會有讓人意想不到的收穫。

「苗栗客家文化園區」並不是我們所想像的那般硬邦邦或冷冰冰，適合帶著家人與孩子一同前來，不僅可以玩樂，還可以更進一步認識客家文化喔！

苗栗特色館

免費優遊 · 樂陶窯

景點資訊

苗栗特色館

📍 地址：苗栗縣公館鄉館南村 14 鄰館南 352 號

📞 電話：(037)233-121

🕐 開放時間：09:00 ～ 17:00（週一休館）

「苗栗特色館」是由苗栗縣政府設立的展示館，館區可分為傳產館、體驗區、陶瓷博物館、服務中心、餐廳等。

傳產區內展示苗栗的特色產業，如香茅油、樟腦油與苦茶油，其中還展示了一座「古式樟腦炊」。日治時期臺灣的樟腦產量占了全世界 90%，其中有 95% 集中在苗栗地區，早期特別以銅鑼、三義一帶的樟腦業最發達。

到了體驗區，則提供 DIY 課程讓小朋友親自動手做，其中的「兒童砂畫區」課程共分 4 個場次，需繳費參加。另一區則為「DIY 擂茶教室」，每場以 18 人為限，採每 5 人為 1 組共同進行；而「DIY 香皂教室」也是每場 18 人為限，如果每項課程都想參加，可能會花上一整天的時間。

結束體驗課程後，繼續往「陶瓷博物館」參觀，展區共分為二層樓，集結了上千件富含苗栗歷史、文化與生活特色的陶瓷文物及作品，可說是整個園區最有看頭的部分。

在特展長廊旁邊有一座相當特別的「四方窯」，保存相當完整，可以入內參觀，當您走到下層就能完整看出整座磚窯的樣貌，而底下則是磚窯裡的地下隧道。最後來到服務中心，這裡以酒甕造型做成拱門，裡頭販售許多苗栗的地方特產，像是三義木雕、樟腦油相關製品、香茅相關產品……等，都相當有特色。

臺中市立圖書館大墩兒童分館

免費暢遊親子世界！

景點資訊

臺中市立圖書館大墩兒童分館

📍 地址：臺中市北屯區興安路一段 162 號

📞 電話：(04)2232-8546

🕐 開放時間：08:30 ～ 17:30（週一休館）

在「北屯兒童公園」裡有座「臺中市立圖書館大墩兒童分館」，這裡原為「臺中市立文化中心兒童館」，非常適合帶小朋友逛逛，館區外一片綠意盎然，讓人心曠神怡。

由於廣受歡迎，因此每到週六、日及國定假日，必須採入場人數管控的方式入場，若在管控時段前來，必須先至櫃臺領取號碼牌。

這裡可不只是圖書館，館內包含了遊戲室、展覽室、圖書室、演藝廳、文化教室及歡樂劇場等，相當多元。幼兒遊戲室主要供 5 歲以內或 120 公分以下學齡前兒童玩耍，內部設有大肌肉區、小肌肉區及藝術創作區。「小肌肉區」周圍的櫃子裡擺放了各式積木與玩具，「藝術創作區」內有一整片的白板可以塗鴉，也有益智類的遊戲器材與沙包區可玩。「大肌肉區」有溜滑梯、爬行軟墊與小型「攀岩區」，適合幼兒爬行、學步，滿足兒童大肌肉發展所需。這兒還有藏書豐富的「圖書閱覽室」，在氣氛營造或硬體規畫，都相當符合親子的需求。

另外在「幼兒遊戲室」的服務臺還提供幾何形棉布，可以讓小朋友或畫或黏，滿足創作欲望。

臺中玩劇島

首創互動遊戲結合劇場故事的兒童新樂園

景點資訊

☎ 電話：(04)2310-8862

🕐 開放時間：週三至週日 10:00 ～ 18:00

玩劇島

📍 地址：臺中市西區精明一街 75 號

在臺中市精明商圈竟有個結合文創的童話世界，小朋友經由不同的闖關遊戲而走入童話故事中，既是觀眾又是主角，不知不覺的融入劇場，在遊戲中體驗五感，這個神奇的園地就是「玩劇島」。

園區分別為達可實驗室、未來城、迷獸森林、妙妙小鎮及蹦蹦兔舞臺等區。「達可實驗室」讓父母陪著孩子一起進入遊戲，透過達可博士趣味的帶領與滑稽的表演，體驗與眾不同的互動遊戲，同時滿足了視覺、聽覺及四肢活動，也幫助孩子在黑暗中找到趣味喔！

「未來城」是以大型機器人為概念，藉由活潑的趣味競賽，訓練孩子們的肢體運用與身體協調性，利用場內五彩繽紛的大型積木，發揮想像力與創造力建構自己的空間，有助於立體感的建立。

「迷獸森林」透過充滿想像力的角色扮演遊戲，體會不同情境的視覺、觸覺與聽覺，讓孩子自然而然的融入這個童話世界當中，探索自身與環境的關聯。遊戲中除了裝扮拍照與探索「迷獸森林」外，「莫亞公主」還會出題考驗小朋友的記憶力喔！

在「妙妙小鎮」中，可以讓孩子進行 DIY 創作，不僅訓練小朋友的專注力，還能培養孩子對創作美感及色彩運用，是個結合美學、創作、專注的趣味園地。

接著走進「蹦蹦兔舞臺」，就像是進入《愛麗絲夢遊仙境》的故事裡，讓孩子融入閱讀世界，培養專注力與觀察力。特別是透過「戲劇」的方式，能讓孩子感受

寓意進而勇於表達自我，也能與其他小朋友合作扮演，幫助孩子在團體中的人際發展。

而「島覽列車」就像是趣味橫生的火車扮演遊戲，跟著列車長的腳步，開心的將「玩劇島」逛了一圈，在歡笑中還能訓練孩子的觀察力。

而深受小朋友歡迎的「定目劇」展演，表演中故事主角會不經意的與臺下觀眾互動，彷彿自己也是故事中的某個角色，生動又好玩。在每項體驗關卡完成後，都能獲得蓋章認可，讓孩子有個自我實現的目標。

蹦蹦兔舞臺旁還隱藏一座小型圖書室，小朋友只要在這裡看完一本書，並清楚表達故事大意，就能獲得額外獎勵喔！館內還有一座專業規模的小劇場，可容納 120 人左右，並不定期有藝文表演。

「戲劇」是「玩劇島」對兒童教育的一種媒介，以藝術、肢體、表達、合作等特點出發，將之融入與孩子的互動遊戲或是表演的情境故事中，並透過讓家長和孩子一起投入活動、一起互動、一起歡笑，無形中幫助孩子在邏輯、情緒、人際、語言、動作、感官的各項發展，這是平常無法感受的。

臺中國美館兒童遊戲室

親子同遊，玩出「美」實力！

景點資訊

國立台灣美術館兒童遊戲室

📍 地址：臺中市西區五權西路一段 2 號（國美館東區二樓）

📞 電話：(04)2372-3552

🕐 開放時間：09:00 ～ 17:00（假日至18:00，每日分四個時段進場）

　　位於國美館二樓的兒童遊戲室，開放對象為 12 歲以下親子、國小以下團體，需先以網路或電話預約，進入館內前需脫鞋著襪。兒童遊戲室共有二層樓，分為體驗區、數位學習區、創作區、探索操作區與策畫展示區、扮演區與文化主題區等五大區。

　　幼兒體驗區設置了各種美術操作箱讓小朋友體驗。學習角落還有無窮梯井與穿針引線的遊戲，可以讓孩子進行有趣的體驗，而一旁的黑暗迷宮則可讓小朋友透過遊戲認識不同地板的材質。

　　離開幼兒體驗區往樓上走，在樓梯口窗邊設置了「水畫牆」，在簡單樸素的石牆下擺了各種刷子與水桶，只要拿起刷子沾一點水，就能在石牆上大筆盡情創作。

　　在「數位萬花筒」中，只要站在布幕前，牆上就會出現令人驚喜的萬花筒影像。在點線面建構牆區域，小朋友可利用一旁提供的道具材料在地板上建構出自己的想像空間。而在自畫區裡，只要透過鏡子就能畫出自己的模樣；隔壁則是互畫區，透過透明玻璃可以讓二人完成一幅有趣的畫作。

彰化茉莉花壇夢想館

歐風彩虹小鎮免費入園又好拍！

景點資訊

茉莉花壇夢想館

📍 地址：彰化縣花壇鄉花壇街 273 號

📞 電話：(04)787-7558

🕐 開放時間：09:00 ～ 17:00（四月至十月花
季期間開放至 18:00）

　　「茉莉花壇夢想館」是全臺唯一以茉莉花為主題的展館，進到館內，彷彿經典童話故事的場景重現，而 Limo、Molly、Julie 三個可愛的代言人公仔，儼然成為必拍地標的介紹。透過室內展區參觀，除了增加茉莉花知識及歷史外，還了解到茉莉花能被製成各式相關產品喔！

　　走出夢想館室內展區，接著穿過一條如時光隧道般的小巷，走出小巷頓時有種柳暗花明的感覺，隨即進入另一條彩虹隧道。眼前又是另一個園地，原來這裡就是祕密花園了。茉莉花盛開的季節，每當黃昏到來，空氣中就會漸漸漫出一股淡雅的花香，讓人覺得格外舒服。角落的大樹下還有個盪鞦韆，搭配一旁可愛的時鐘小屋，著實讓參觀者興奮不已。

　　香草植物園區種植了琳瑯滿目的花草植栽，而香草花園的另一處入口，布置了各種歐式童話小屋，讓這裡更增加了一些夢幻活潑感。

　　來到「茉莉花壇夢想館」參觀，肯定會讓我們對茉莉花、對花壇鄉有了更進一步的認識和了解，讓大人和小孩可以在這裡「賞茉莉、談茉莉、啖茉莉」，甚至動手 DIY 屬於自己的茉莉紀念品。

雲林斗六官邸兒童館

免費又有趣的遊戲閱讀空間！

景點資訊

📞 電話：(05)534-5951

官邸兒童館

📍 地址：雲林縣斗六市公正街 212 號

「官邸兒童館」原是舊縣長官邸所在，後來打造成一處具童趣、優質又悠閒的親子館。這個號稱雲林縣首屈一指的兒童玩樂遊戲空間，目標就是要創造一個屬於孩子們的快樂天堂。

進入館內須脫鞋著襪，一樓大廳主要為圖書閱讀區，書櫃中擺滿了各種童書，可以讓小朋友盡情挑選。一樓後方是天使玩魔布區，可以讓小朋友們發揮想像力，在上頭拼貼出自己喜愛的圖案。

親子閱讀區中有一些書籍可供借閱，家長可以陪著孩子在此享受快樂的閱讀時光。來到二樓，有個相當寬廣的兒童遊戲區，這裡的大型溜滑梯深受孩子們所喜愛，而角落童話故事般的場景，有各種大型玩具可以讓孩子們盡情玩耍。再往二樓另一邊走，有許多玩具可供借用玩耍，像是孩子們喜歡的扮家家酒、大型的廚房玩具、小女生最愛的梳妝臺……等，每一樣都能讓孩子玩瘋。

除了館內豐富的兒童益智童玩、閱讀、探索、創意學習內容等資源，館外還有一大片草地可以讓小朋友在此開懷跑跳。草地上的木造溜滑梯，不僅能讓孩童們流連忘返，還兼具環保意念，相當別具特色，讓人格外放鬆自在。

嘉義 Play & Learn 陪你樂親子館

Play&Learn 陪你樂親子館

景點資訊　　　　　　　　　　　📞 電話：(05)231-4798

Play&Learn 陪你樂親子館

📍 地址：嘉義市友愛路 288 號 5 樓之 2

　　嘉義市的親子館並不多，「陪你樂 Play & Learn」雖然規模較為迷你，但麻雀雖小五臟俱全，玩具的種類也相當多樣化。這裡有座小型溜滑梯，既可溜著玩，又能當成速食店，只要進來玩的孩子們，莫不想扮演速食店老闆，接受電話訂餐的樣子呢！當然廚房玩具、叫賣手推車之類玩具也是不可獲缺的。在角落還設了一座小型球池，適合年齡小一點的兒童。現場還有匹有趣的搖搖馬，只要輕輕摸它的耳朵，就會發出叫聲喔！這裡也有適合年齡稍大的兒童玩具，比如男生最愛的乘坐式電動卡車，讓大孩子也玩得很開心。

　　館內的育嬰室裡有冰箱、嬰兒床及尿布臺，育嬰室外面還有飲水機與礦泉水，各項貼心的設施，讓人充分感受到經營者的用心。

　　「陪你樂 Play & Learn」就像一座迷你的遊樂場，每月定期會舉辦抓周活動，不過得注意這裡並不是親子餐廳，如果有飲食的需求，請自行攜帶外食。而無論大、小朋友，凡是入場都要穿著襪子，這裡的服務態度和藹可親，還會幫忙帶小孩，有機會來嘉義的話，不妨帶小朋友過來玩玩，但因場地不大，最好事先預約喔！

臺南臺灣歷史博物館

這裡竟有專為兒童打造的園地！

景點資訊

國立臺灣歷史博物館

📍 地址：臺南市安南區長和路一段 250 號

📞 電話：(06)356-8889

🕐 開放時間：09:00 ～ 17:00（週一休館）

💲 收費方式：全票 100 元／半票 50 元

　　「國立臺灣歷史博物館」是臺南近年來的熱門景點之一，館內多采多姿的各項展覽，讓訪客對這片土地的文化與歷史有更深一層的了解，是個老少咸宜的好地方。

　　可別以為博物館只有單純枯燥的展覽，這裡專門為孩子設置了「兒童廳」，有時光之旅、自然臺灣、農村采風、遊戲童年四大主題展區。走進「遊戲童年」裡，四周意像的布置頗為特別，這裡提供親子觀賞各種臺灣故事，不定期也會舉辦相關兒童活動。角落的「親子自遊區」，小朋友可以依照這裡所提供的教學範本，利用櫃子裡的各種材料及工具進行 DIY 的創作。

　　「親子自遊區」外的街屋走廊，就像條老街的設計，懷舊氣氛濃厚。經過造型特殊的「蝴蝶蛹道」，來到館外的「自然臺灣」展示區。這裡的第一站便是「牛寶的家」，可以看到一座大型的水車模型，帶領大家認識過去農業社會裡引水灌溉的情形。

　　在「芠芠的家」，彈塗魚、招潮蟹與濕地水生植物形成了濕地生態的特殊景觀，栩栩如生的樣子，讓小朋友著實上了一課。「滔滔的家」則讓大家了解臺灣海洋生態的多樣性，進而透過達悟族「人與自然共生」的生活態度與文化，體認到珍惜海洋資源的重要。來到「叮叮的家」，彷彿就走進了時光隧道，人類從過去到現在再到未來，一直都生活在相同的土地上，因此也留下了歷代生活的見證。在這兒可以觀察到人類過往從史前石器、陶器到明清時代的瓷器碎片及現代人用品，讓人了解

累積的文化層，正是人類活動的一種證明。

　　而「嘟嘟的家」最受歡迎的「時光車站」，可以乘坐時光列車透過影片進行一趟時光旅行，過程生動而有趣。展示教育大樓二樓為常設展區，主題是「斯土斯民──臺灣的故事」。常設展區採歷史時間軸序列的方式展出，讓訪客可以橫貫古今，了解過去割裂的統治政權，體現臺灣的文化與生活。異文化相遇讓我們能了解當時荷蘭人、西班牙人來臺治臺的那段歷史，藉由這些情境模擬當時原住民與漢人生活的互動情形，還有當時祭拜的文化與信仰的生活情形，還有媽祖遶境及農曆七月搶孤文化也是一覽無遺。當中將古時候平埔的「公廨」營造得維妙維肖，廟會遊行也刻劃得栩栩如生。

　　展場內也透過街屋及街景的復原，讓訪客體驗日本時代的都市生活。展區中還有一處非常值得細細參觀的地方，就是仿臺北榮町（現在西門町一帶）的縮尺模型，現場那排街屋的展場內有雜貨店、和服店、照相館、咖啡廳及診所，讓人彷彿掉進時光隧道，回到過往時代。

　　除了館內琳瑯滿目的展覽，館外的「臺灣歷史公園」，也相當適合帶著家人一起來散散心哦！

臺南兒福館

趴趴走好遊趣！

景點資訊　　　　　　　　📞 電話：(06)299-9381

臺南市兒童福利服務中心兒童館

📍 地址：臺南市安平區中華西路二段 315 號 2 樓

　　「臺南兒福館」為臺南市政府以公辦民營的方式，委託臺南市基督教青年會社福基金會承辦，館內共有二層樓。位在三樓的「積木建構區」，除了展示許多由樂高積木組成的模型，還提供了零散的樂高積木，讓小朋友可以親自 DIY 組合。

　　而三樓的「歡樂王國」也是相當受到小朋友喜愛的一區，裡頭有「生活扮演區」、「幼兒遊戲室」、「文化童玩櫥窗」。其中的「生活扮演區」設置了各式的商店、攤販，可以讓小朋友玩起角色扮演的遊戲，像是買完麵包還可以到一旁結帳，相當擬真。而「幼兒遊戲室」比較適合年紀小的小朋友，這裡有球池滑梯、搖搖馬，還有廚房玩具可以讓小朋友扮家家酒。

　　三樓還有一區為「暗迷宮」和「南洋文化迷宮」，可以讓小朋友們好好認識一下鄰近的南洋文化，迷宮製作相當用心。另外還有間「親子歡唱屋」與看起來像是體操教室的「體能探險樂園」，可以讓小朋友在這裡蹦蹦跳跳。

　　「臺南文化館」設置了相當多具有臺南文化特色的展示，可以讓孩子了解自己生長的地方。這兒還有一個臺南最具特色的擔仔麵小吃攤，讓小朋友親自體驗。

　　四樓的「都市奇幻森林」是將自然的概念帶進都市裡的森林，並將森林裡分為青苔峽谷、火山石……等十個操作主題，讓小朋友們親自操作體驗。「甲蟲生態谷」透過甲蟲標本及生態景觀的介紹，將甲蟲的蟄伏期、交配期及打鬥的生活習性一一呈現。而在「魔術幾何泡泡」中，可以讓小朋友依各個不同樣式的模型，製作出各

式形狀的泡泡，有趣極了！

　　四樓的電梯間中庭則是「ㄅㄨㄅㄨ樂園」，在這裡擺放了一些三輪車、扭扭車等，可以讓小朋友在這裡玩耍。一旁有「電腦室」可以租借使用，還有充滿許多兒童或是親子讀物的「親子閱覽室」。四樓還有一間「家庭劇院」，想看影片的朋友可以向館方租借，適合家庭或親子間一同觀賞。

　　四樓最特別的一區就是「小小記者主播臺」。小朋友可以坐在仿真的主播臺上播報桌上的新聞稿，同時還會將正在念稿的影像同步轉播在牆上的電視當中，讓小朋友可以身歷其境，體驗當新聞主播的感覺。

　　「臺南兒福館」非常適合帶著小朋友來這待上一整天，館內的陳設內容可說是相當用心且豐富，每個設施也都有服務人員在一旁看顧或維持秩序，有機會的話不妨也可以親自來探訪一下！

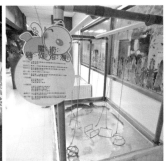

高雄兒童福利服務中心

家庭活動、遊戲、育兒、閱讀好去處。

景點資訊

高雄市政府社會局兒童福利服務中心

📍 地址：高雄市三民區九如一路 775 號

📞 電話：(07)385-0535

🕐 開放時間：08:30 ～ 12:00、13:30 ～ 17:30
（週一及國定假日公休）

近年來各縣市紛紛致力兒童福利的推動，許多地方都設立了公辦親子館或兒童福利中心，位在高雄科工館對面的「高雄市政府社會局兒童福利服務中心」，就是一個兼具兒童遊樂、休閒、教育的好地方。

中心共有四個樓層，服務對象以十二歲以下兒童為主，有些區域以「兒童身高」來區隔。B1 的「兒童育樂室」適合七至十二歲兒童，在這裡可以利用六角平臺進行遊戲，還有網繩攀爬、捉迷藏的遊戲。此外還有桌遊及可以活動筋骨的拳擊袋。

而位在二樓的「兒童遊戲室」適合零到七歲幼童，入內需著襪脫鞋，這裡也貼心的準備了推車停放空間。遊戲室包含幾個小區塊，像是供爬行的零到六個月寶寶使用的遊戲區與寶寶操作區，還有各種適合寶寶的玩具種類。生活認知區的玩具、以積木為主的創作區、大型攀爬的遊戲設施、跳跳馬區、塗鴉牆專區……等。

零到二歲的嬰幼兒親子互動區，則包含了大型積木遊區、溜滑梯、毛毛蟲造型的爬行區，足以讓孩子流連忘返。

遊戲室外還有積木創意操作區、電腦遊戲室及圖書室。如果館內玩得不過癮，一旁還有個小型的兒童公園可以讓孩子們盡情遊玩，是個半天親子遊的好地方。

高雄幸福童樂館

免費殺時間的好地方！

景點資訊

幸福童樂館

📍地址：高雄市苓雅區四維三路 2 號

📞電話：(07)337-3379

🕐開放時間：平日 08:30 ～ 12:00、13:30 ～ 18:30

　　您知道高雄市政府內有個兒童館嗎？而且還是免費的喔！它就是位在高雄市政府 1 樓的「幸福童樂館」。「幸福童樂館」設置的立意，是為了體貼民眾洽公的不便，由市政府打造暫時留置照顧兒童的空間，館內志工態度都相當親切，還會主動提供許多的高雄觀光資訊哦！

　　進到館內要先到櫃臺辦理登記，可委託這裡的服務人員幫忙看顧，但需要家長的身分證件登記，而且時間以三十分鐘為限。櫃臺周圍的區塊主要為高雄的城市行銷區，因此展示了許多高雄市政府的活動資料或商品，其中也包括當年世運會的相關紀念品。這個區域也提供了一些桌椅，可以讓遊客在這裡休息和閱讀，方便照顧孩子。

　　另一區擺放了一些童書可供臨時借閱，也設置了桌椅方便小朋友與家長一起閱讀。一旁的遊戲區則是所有孩子們最喜愛的區域，想要入內遊玩必須將鞋子脫下後，整齊放在規定的鞋櫃中才可以。遊戲空間雖然不大，但玩具種類琳瑯滿目，令小朋友愛不釋手。對家長來說，可以在一旁照顧，一邊看書打發時間。

高雄大魯閣草衙道 · 鈴鹿賽道樂園

攻略玩很大！

景點資訊

大魯閣草衙道

📍 地址：高雄市前鎮區中安路 1-1 號

📞 電話：(07)796-7766

🕐 開放時間：平日 11:00 ～ 22:00（週五至 22:00）／週六 10:30 ～ 22:30／週日 10:30 ～ 22:00

高雄大魯閣草衙道內的「鈴鹿賽道樂園」，是日本鈴鹿賽車場唯一海外授權。園區包括「迷你鈴鹿賽道」、「賽道樂園」兩大主題，其中最特別的當屬「迷你鈴鹿賽道」，採 10:1 擬真縮小版的卡丁車場地，這座卡丁車縮小版賽道還重現著名的 8 字型賽道與 S 型彎道。

鈴鹿賽道樂園毋需門票，可以購買套票一票玩到底，也可以每一項設施個別付費，相當有彈性，出發前不妨先到官網查詢相關優惠活動。除了樂園外，結合了購物、美食、休閒、娛樂等多功能複合式購物中心的大魯閣草衙道，裡頭還有多人連線 VR 體驗館、夢幻的旋轉木馬、保齡球館和棒壘球打擊練習場，而在水驛廣場，每隔三十分鐘就會上演一場精彩的廣場水舞秀。

在「迷你鈴鹿賽道」的室內大廳，也設了一座小朋友相當喜歡的軌道賽車場，想參加「迷你鈴鹿賽道」卡丁車大賽，必須先報名繳費，車型共分為 Birel N35 單人座卡丁車及 Tandem Kart 雙人卡丁車二款，費用各不相同，每場時間為八分鐘。若想當個賽車觀眾，可直接到二樓的看臺觀賞。

館方針對兒童和青少年也有一些特殊規定，未滿 18 歲僅開放駕駛 Birel N35 卡

丁車，購票前需填寫家長同意書。基於安全考量，身心障礙者及 65 歲以上長者，恕不開放駕駛。第一次駕駛前還得參加入門講習和一對一教學後才能上路。

上車後按下發動按鈕，接著每隔一個車位的距離陸續出發，比賽進行時，每一圈前三名都會顯示在場中看板上。車道混合了各種立體交叉隧道、連續 S 彎、髮夾彎，還標榜搭配了與 F1 同級的賽車護欄，簡直就像 F1 級賽車一樣過癮。

接著可以到「小小城市」，這裡有「甩尾小車手」，可以感受駕駛的趣味性，而隔壁的「酷奇拉駕駛學校」則偏向較溫和的體驗駕駛，家長陪著孩子一起駕駛小汽車學習各項交通規則和行車禮儀，跑完全程後還可以到駕照中心自動申辦獲得駕照喔！另外在「滴答電車」中，小朋友化身為列車長，自行操作小小電車，途中會通過橋梁、隧道等指定任務。小小城市裡還有體驗迷你摩托車的「小小騎士」，不過小朋友要會騎腳踏車才可參加。

接著來到「技能培訓村」，這裡的遊樂設施就比較刺激了，有會水平旋轉與垂直移動的「自由落體」，甩尾小車手進階版的「飄移高手」，享受速度感及離心力翻轉的「自由搖滾」，及駕駛越野車體驗涉水等各種路面的「越野大冒險」。

此外，還有一項光是當觀眾就相當刺激的「天空飛行家」，可自行操控座艙機翼而達到 360 度旋轉或俯衝，彷彿是飛行員般在天空翱翔！

園區內還設置了「草衙道電車」，由草衙道入口出發，經過了浪漫優雅的歐洲小鎮區，最後來到充滿歡笑的樂園。下車處旁有一間展示各種「鈴鹿賽道」相關資訊的展覽館，有興趣的朋友不可錯過。

最後來到購物中心，位在一樓內的「VR+」是第一座全球最大、可 8 人同時連線的虛擬實境體驗館。首創紅外線體感定位技術與震動體感裝置，加上超高視覺品質與 3D 效果，極逼真的視覺快感，體驗過程更能融入遊戲的情境中。

而在「WeSport」中，一樓有兩個 NBA 等級的楓木籃球場，二樓有迷你高爾夫與滑輪場，三樓則有棒壘球打擊場及遊戲愛樂園，可以滿足熱愛各種運動的朋友。

在用餐方面，這裡的餐廳選擇不少，許多知名主題餐廳也都有進駐，如花月嵐

拉麵、印度皇宮、聚火鍋、百八魚場、天蔥牛排、野宴日式炭火燒肉……等。而喜愛韓式炸雞的朋友，不能錯過「BOBBY BOX」，這裡透過時尚與文化的結合，重新融合潮流與韓式飯食的美味關係，其中的韓式炸雞，甜、鹹、酥、脆在感覺在口中，令人久久不能忘記。

宜蘭香草菲菲

與香氣約會的超夯景點

景點資訊

香草菲菲

📍 地址：宜蘭縣員山鄉內城村內城路 650 號

📞 電話：(03)922-9933

🕐 開放時間：09:00 ～ 18:00（週一休館）

💲 收費方式：每人 100 元（可抵消費）

　　「香草菲菲」前身是宜蘭綠色博覽會中的「芳菲館」，外觀宛如一座白色的玻璃城堡，靜靜的聳立在隱蔽的鄉間。這裡強調的是一種品味，一種慢生活，相當適合調劑現代人的緊張身心。

　　園區內彷彿是座超大型的花卉植物溫室，綠意盎然，伴隨園區內所播放的音樂，令人感到輕鬆愜意。園區內有一座大型的「花園 Buffet」，用餐時間為 11:30 ～ 14:00，場內也提供了婚宴場地，若在這裡舉辦婚禮，感覺也很別出心裁。

　　整個屋頂採透明玻璃架設，明亮而採光良好，對應著現場的花草，格外清新。二樓的空中步道可以欣賞園內各種植栽，步道上還有搖椅可以讓旅人享受片刻的悠閒。位在一樓角落的「香菲體驗室」，可以聞到各種花香或植物的香氣，相當特別。

　　另一區除了有商品販賣部，還有 DIY 教室。透過豐富、有趣、多元的手作課程，不但能讓大小朋友都了解植物的種類、形態、樣貌與氣味，還可以製作個人專屬小物。各種 DIY 課程的成果都會擺放在櫃臺上，自行挑選喜歡的課程後，現場都會有老師協助教導製作。

宜蘭蘇澳祝大漁物產文創館

3D 立體海底隧道＋ DIY 趣味體驗

景點資訊

祝大漁物產文創館

📍地址：宜蘭縣蘇澳鎮江夏路 52-2 號

📞電話：(03) 995-1050

🕐開放時間：09:00 ～ 17:00

　　「360 度擬真 3D 立體魚龍捲隧道」出現在宜蘭蘇澳了！這栩栩如生的海底世界就設在「祝大漁物產文創館」旁，成了超人氣的熱門指標。這裡同時也是蘇澳漁會所在地，「祝大漁」的由來乃因日文漢字，意思是「漁獲豐收」，也因此會在全新的漁船上插滿「大漁旗」，代表滿載而歸。

　　「360 度擬真 3D 立體魚龍捲隧道」是由圖龍老師所創作，每個細節及魚兒的動作表情維妙維肖，生動無比，彷彿讓人身歷其境。步出隧道的盡頭是個展望臺，可以在此眺望南方澳漁港。

　　「祝大漁物產文創館」一樓主要為展售中心，二樓為 DIY 互動體驗區和紅珊瑚展示區。DIY 互動體驗區提供高達 50 幾種貝殼讓遊客製作貝殼相框，而且還可以結合魚龍捲隧道照片，讓我們留下美好回憶。

　　DIY 體驗區旁是紅珊瑚展示區，這裡展示的紅珊瑚藝品都是精雕細琢。三樓有導覽解說區，透過短片的播放，可以認識蘇澳區漁會的故事，透過鯖魚圖的解說，更能了解南方澳鯖魚的歷史與整個產業鏈，還有一些代表性的產品。

宜蘭礁溪長榮鳳凰酒店

採桔童樂 DIY 賞蘭好好玩，不同時節不同體驗！

景點資訊　　　　　　　　　📞 電話：(03)910-9988

長榮鳳凰酒店（礁溪）

📍 地址：宜蘭縣礁溪鄉健康路 77 號

　　來到「長榮鳳凰酒店」，如果只是單純睡覺、休息那就真浪費了，因為酒店會因應不同的季節舉辦各類活動，不但別具意義，更能讓人收穫滿滿。

　　寒假期間會不定期推出賞鳥、採金棗等戶外活動，並搭配時令的主活動，讓遊客入住更感精彩。晚間還有精彩絕倫的「鳳凰劇場」讓觀眾與臺上的表演者趣味互動喔！

　　飽餐一頓後，可帶孩子前往三樓休閒中心參加「童話世界」，或到兒童遊戲室盡情玩耍。另外還有電腦上網區及體感遊戲、手足球玩具臺、超大白板塗鴉區、益智玩具區，其它還有韻律教室、手作教室、KTV 包廂、撞球區與桌球區、健身房……等。而鳳凰劇場技術高超的雜耍特技及趣味魔術表演，不時讓臺下觀眾哄堂大笑。

　　「長榮鳳凰酒店」的專案住宿遊，除了有五星級住房的享受，還能有各種活動、體驗、導覽，值得全家大小一起前來泡湯同遊。

宜蘭國立傳統藝術中心

東部

童玩＋文創＋親子餐廳＋ DIY ＋樂園大集合！

景點資訊

宜蘭國立傳統藝術中心

📍 地址：宜蘭縣五結鄉五濱路二段 201 號

📞 電話：0800-020011

🕐 開放時間：09:00 ～ 18:00（寒、暑假期間至 20:00）

「國立傳統藝術中心」重新開幕了！全新的經營團隊讓園區展現新氣象，比如發想自國畫的「迷霧森林」設計，在大草原上不斷冒出的水霧，讓孩童們在裡頭跑跳遊玩，驚喜不斷。

除了保留原有的傳統街屋建築，另外也加入了許多文創 DIY，比如紙傘彩繪 DIY、手串運勢琉璃珠、手工粒狀馬賽克 DIY、手做藍染體驗、半寶石手作、手作工藝鞋、手創相框、手繪、金工體驗、果凍蠟燭、纏花吊飾、棉花糖、肥皂、玻璃高溫模吹體驗、美麗印記……等，還有一些復古童玩、親子遊樂場、賽車、親子餐廳、收涎抓周活動……，內容多采多姿。

同時也趕上潮流，舉辦了「密室逃脫──蔣渭水展」、「實境遊戲──噶瑪蘭的寶藏」等活動，讓原本只是靜態的展覽，化身為生動活潑的活動，讓孩子們更願意融入並了解在地文化的歷史特色與創新藝術。

新傳藝的入口處腹地面積略為內縮，而文昌街依舊保留著日治西洋建築風格與閩南傳統交錯其中的樣式。由於動線入口的重新規畫，因此也在文昌街上加入了一些傳統藝術的工作坊，可以讓大人、小孩共同體驗學習，感受那股樂趣。

文昌街上的糖蔥文化館騎樓前，會展示手工製作白糖蔥的過程。而「紙天空」

以推廣手工紙藝美學與創作紙藝術文創作品為主，像是手抄紙、油紙傘、有機棉、臺灣花布、自然染等。現場並提供了多款圖樣可供選擇，讓我們可以直接上色，或是選擇空白紙傘自己創作都行。

其中最特別的文創店是「炭錢」，也就是臺語的「賺錢」之意，這裡是一間炭雕博物館，現場有導覽人員為大家解說，館內展示了各式炭雕，可說是精雕細琢。文昌街的二樓童玩部落，是個結合益智桌遊、傳統童玩、趣味紙玩的複合式空間。

而園區的迷霧森林中，原本是一大片寧靜美麗的草原以及花圃圍繞，突然間煙霧四起，彷彿讓人置身九重天上，孩子們對於突如其來、似有似無的驚奇，覺得實在有趣極了。另外在孩子們最感興趣的「Artr&Little Box宜蘭傳藝兒童創意樂園」，裡頭包羅萬象，有美味餐食、精緻茶飲、小盒子兒童藝術、賽車、積木、沙池……等，簡直就像是個兒童樂園！

文昌祠是傳藝中心裡的指標性建築之一，其中帶點簡單的裝飾及燕尾脊，正好傳達一些傳統匠師的巧心與技藝。外頭的文昌香舖採用手工製作，製程包含浸、黏、滾、曬、染等五個步驟。國立傳統藝術中心可說是臺灣民俗文化的縮影，親自來一趟傳藝中心，更能了解臺灣的民俗文化。

花蓮玩味蕃樂園

拍照 IG 夯，復古穿越玩創意

景點資訊

地耕味玩味蕃樂園

📍 地址：花蓮縣新城鄉康樂村加灣 17-1 號

📞 電話：(03)826-0707

🕐 開放時間：08:00 ～ 18:00

　　位在花蓮新城臺九線上的「地耕味玩味蕃樂園」，是一處結合花蓮農、漁、畜牧等文化風味與觀光主題的空間，讓我們彷彿走入時光隧道，回到五〇年代，感受那份溫馨的懷舊與趣味的古早，並從「地奉、菓食、迴潮、牧瀾」四大主題展中，了解在地花蓮。

　　「玩味蕃樂園」主要傳承上一代對事業的開創精神與精湛技藝，二樓手扶梯後的門牌，代表著家的記憶。一手打造「阿美麻糬」的宗泰食品創辦人余宗柏，當年變賣了他僅有的家當——一部中古摩托車後，換了 2000 元現金，一個人到花蓮打天下，推著「力阿卡（手推車）」賣麻糬、番薯糖，走遍花蓮大街小巷，胼手胝足，白手起家。館內復刻舊花蓮火車站與舊式火車，加上造型可愛的香蕉哥，構成了一幅趣味畫面。

　　這裡模擬了當年創辦人白手起家時的街景，以及他當年叫賣維生的金山旅社附近，而「宗柏山海產行」則是他在花蓮的第一家店，之後便設立了宗泰食品名產有限公司，漸漸擴大而有了今日的規模。公車站牌旁有一張特別的復刻版海報，那是西元 1935 年日本統治臺灣 40 週年時，所舉辦的「始政四十周年記念臺灣博覽會」，也是臺灣有史以來第一次舉辦的大型博覽會。仔細看看招牌的文字：「觀瀑亭——理髮廳、聽雨軒——美容院」，原來這兒是男女廁所，一旁還有一間育嬰室可供使用。

　　在「地奉」展區中，「地奉」有種感恩之意，恭敬奉茶謝恩，也是要我們能飲水思源。富里的「牧瀾」展區，主要是介紹花蓮的酪農業發展。吉安的「菓食」展

區中，最有趣的就是讓遊客親自體驗扮裝拍照的樂趣。當然不是演「大力男子都奉順」，也不是「雷神索爾」，因黑潮經過花蓮海域，因此「洄潮」展區以漁業為主。還有復古大戲院的場景，相當懷舊！

「地耕味玩味蕃樂園」一樓販賣著琳瑯滿目的花蓮伴手禮，出口附近的復古式「2年2班柑仔店」特別吸睛，裡頭販賣一些小時候的童玩、零食，而其餘的布置，就如同小時候學生時代那般的教室模樣。「地耕味玩味蕃樂園」顛覆了傳統單純販賣紀念品的休息站，讓參訪的遊客們對花蓮多些了解，也增添拍照的樂趣與體會懷舊復古的滋味。

a-zone 花蓮文化創意產業園區

親子手作木工彩繪 SoFun！

景點資訊

📞 電話：(03)831-3777

a-zone 花蓮文化創意產業園區

📍 地址：花蓮縣花蓮市中華路 144 號

　　「a-zone 花蓮文化創意產業園區」前身為花蓮酒廠，經文建會規畫為文創園區，類似臺北的松山文化創意園區及華山 1914 文化創意產業園區，其中包括了展覽、演出、餐飲、特色產品等各項人文藝術，並保留了原來的建築特色和復古交織的美感。

　　裡面的「桔籽樹手作藝術空間」，是園區內的親子 DIY 手作教室，教室裡不僅有專屬空間，並提供了相關課程，讓到訪的親子遊客可以各取所需。

　　這裡的 DIY 活動，完成時間約為 30 至 60 分鐘，領取的木器，館內可提供機具加工。DIY 活動的過程中，老師會預先解說，除了能發揮孩子的想像力、創造力外，同時也考驗了手眼協調能力、定力、耐心程度、細心……等。

　　園區看似老舊的外表下，蘊藏著文化的意涵，將原本舊有的倉庫整修後，成為「乙皮畫廊」的展覽區。園區保留下來的木屋建築已有 80 年歷史，除了重新整建保留主體並加入園藝景觀，其中 13 間獨立的小木屋，結合了日式園藝，有種與外喧囂隔離的狀態，此外園區內部分空間為文創商店與文創餐廳，讓這裡的風格趨於多元。

　　「a-zone 花蓮創意文化園區」全園禁止車輛進入，因此讓孩子在戶外空間活動上多了一份安全。這裡又有廣大的草地及樹蔭，十分適合大小朋友一起來此活動。再加上此地為市中心，鬧中取靜，著實也滿足了各種需求，下回有機會到花蓮來玩，可以到園區裡感受一下。

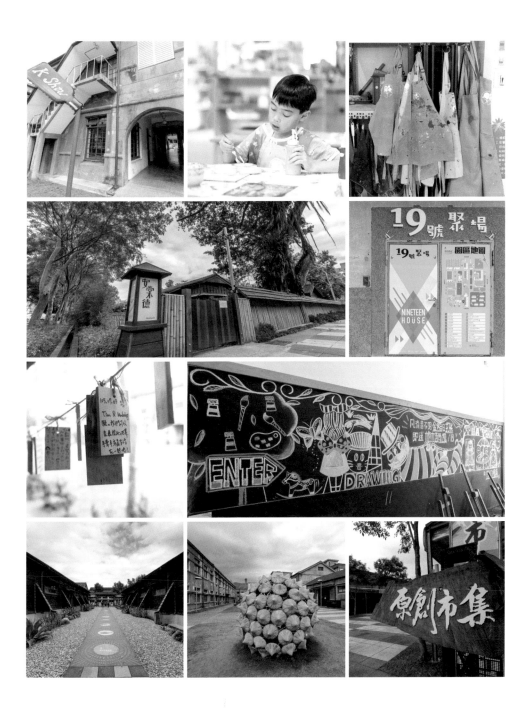

臺東兒童故事館

不花一毛錢！全家同遊好地方

景點資訊

臺東兒童故事館

📍 地址：臺東縣臺東市大同路 103 號

📞 電話：(089)323-319

🕐 開放時間：10:00 ～ 12:00、13:30 ～ 17:00
（週一休館）

在臺東也有一座相當適合親子同遊的好地方——「臺東兒童故事館」，這裡是臺東舊菸酒公賣局的早期宿舍，整區規畫成臺東兒童公園，其中包含了故事劇場、溜滑梯及樹屋、陽光草坪、親子草坪、彩繪園地及賞花步道，還有臺東文化館，館內包含行政文化館、親子圖書館。園內的石頭溜滑梯是小朋友們的最愛，加上故事劇場與彩繪園地，整體既生動又有趣。

日式風格的行政文化館，除了走廊上特製成的心願風鈴外，對面還有座趣味樹屋，另一旁則是兒童圖書館，入館時須脫鞋著襪，閱讀區中可選則自己喜歡的書籍找位子坐下來閱讀。當說故事時間結束後，還有自行動手 DIY 的貼畫時間，著實讓孩子流連忘返。

臺東縣政府以兒童故事館為基地，打造以「蒐集、記錄、保存與傳遞臺東在地故事」為目標，最後以充滿感動力的「故事」達到文化傳承、城市行銷、終身教育等目的，並透過臺東兒童公園，讓小朋友多元發展，並產生與家鄉、社區情感上的連結，是個有意義又幸福環境。下回來臺東時，除了看山看海外，還可以到「臺東兒童故事館」，享受家庭親子同遊的天倫之樂喔！

臺東都歷遊客中心

無敵海景，好美！互動體驗，好玩！

景點資訊

📞 電話：(089)841-520#1800
🕐 開放時間：08:30 ～ 17:30

東部海岸國家風景區都歷遊客中心
📍 地址：臺東縣成功鎮信義里新村路 25 號

臺東成功鎮的「東部海岸國家風景區都歷遊客中心」素有最美機關之稱，這裡不單單是個遊客服務中心，裡頭還包含了光纖打造的星空劇場、幾米壁畫走廊、鯨豚館、多媒體互動設施、影片、模型和實物的展出、阿美區、海洋區、東海岸景觀區、大型多媒體簡報室，以及館外的大片草地、無敵海景與各項優美的藝術作品展出。另外這裡也是花東第一座可攜帶自行車進入參觀的展示館，讓車友可以帶著自己的愛車入內參觀。不只如此，此處還貼心設置了穆斯林祈禱室，不管大人、小孩、宗教，應該無國界的都考慮到了。

都歷遊客中心的地理位置正好居高臨下，背山面海，站在管理處前遠眺前方，眼前除了一大片綠油油的草地外，還有一望無際的海景，讓人心曠神怡。這裡的藝術作品與「加路蘭遊憩區」所展覽的屬同一系列，是由駐地藝術家們創作的作品。

阿美族迎賓大廳的虛擬實境迎賓秀，既生動又有趣，只須感應就能和螢幕裡的虛擬阿美族人一起共舞。沿參觀步道往下走，彷彿進入科博館，投影在地上的臺灣地圖既細膩又傳神，臺灣四周的洋流以動態投影方式加以呈現，讓人一目了然。步道牆面上將東部人類文化歷史介紹羅列，也有臺東縣、花蓮縣及綠島、蘭嶼的歷史人文、自然生態、旅遊活動、地質景觀的互動體驗區。

與幾米合作的繪本作品，同時也呈現在另一牆面上，一旁的星空劇場可讓人感受滿天星斗的樣貌，體驗東海岸星空之美。此外，館內地下一樓設有兒童遊戲區、

互動式的飛輪車體驗，更特別的是還有刺激的「激流泛舟實境體驗」、「衝浪高手就是你」互動實境遊戲，以及「海底遊蹤」潛水互動體感遊戲！

　　當您在館外吹著微風，望著湛藍的大海，搭配草地上的藝術作品，悠閒而自在，此地的確是個值得一訪的景點。

臺東賴馬繪本館

親子同遊舊鐵道旁的書香味！

景點資訊

賴馬繪本館

📍 地址：臺東縣臺東市開封街 680 巷（外觀
為粉紫色）

📞 電話：(089)322-237

🕐 開放時間：09:30 ～ 18:00

　　位於臺東舊鐵道旁的「賴馬繪本館」，是一處適
合親子共讀同遊的好地點。門口的裝飾清新簡約，正
好與一旁舊鐵道的悠閒文化氛圍融為一體。館內空間
不大，但卻像是座寶庫和文化藝術館，更是喜愛閱讀
的朋友不容錯過的好地方。

　　當您帶著孩子一同進入賴馬的童話世界裡，除了
感受到生動趣味的故事情節與圖畫，還讓大人與孩子
的親子關係更加緊密而融合。這裡不僅展示了賴馬的
繪本，而且還擺設了許多他的畫作及相關的精緻藝品
小物。

　　館內正中央鋪上了一張地毯，孩子可脫鞋進入席
地而坐，這裡還提供了造型可愛的微笑小鱷魚積木組讓孩子們玩，而那積木是賴馬
為他的小兒子阿咕設計的第一份禮物，並在新書《愛哭公主》中現身哦！

　　館中也展示著各式各樣的創意商品，引人入勝。現場除了展售賴馬的代表著作
外，還有一些國外的童書繪本，底下還有個電視輪播賴馬的可愛畫作。現場還能選
購賴馬的親筆簽名著作，據說每本書上的簽名都不太一樣，夠特別吧！另外館內還
設有塗鴉區，可以讓小朋友們在賴馬所繪的塗鴉海報上任意上色作畫，也相當有趣。

說走就走！樂爸帶你週休二日趴趴走
全臺嚴選 101 個景點讓你輕鬆自由行！

作　　　者／樂爸
美 術 編 輯／申朗創意
責 任 編 輯／許典春
企畫選書人／賈俊國

總　編　輯／賈俊國
副 總 編 輯／蘇士尹
編　　　輯／高懿萩
行 銷 企 畫／張莉榮 · 廖可筠 · 蕭羽猜

發　行　人／何飛鵬
出　　　版／布克文化出版事業部
　　　　　　臺北市中山區民生東路二段 141 號 8 樓
　　　　　　電話：(02)2500-7008 傳真：(02)2502-7676
　　　　　　Email：sbooker.service@cite.com.tw
發　　　行／英屬蓋曼群島商家庭傳媒股份有限公司城邦分公司
　　　　　　臺北市中山區民生東路二段 141 號 2 樓
　　　　　　書虫客服服務專線：(02)2500-7718；2500-7719
　　　　　　24 小時傳真專線：(02)2500-1990；2500-1991
　　　　　　劃撥帳號：19863813；戶名：書虫股份有限公司
　　　　　　讀者服務信箱：service@readingclub.com.tw
香港發行所／城邦（香港）出版集團有限公司
　　　　　　香港灣仔駱克道 193 號東超商業中心 1 樓
　　　　　　電話：+852-2508-6231 傳真：+852-2578-9337
　　　　　　Email：hkcite@biznetvigator.com
馬新發行所／城邦（馬新）出版集團 Cité (M) Sdn. Bhd.
　　　　　　41, Jalan Radin Anum, Bandar Baru Sri Petaling,
　　　　　　57000 Kuala Lumpur, Malaysia
　　　　　　電話：+603-9057-8822 傳真：+603-9057-6622
　　　　　　Email：cite@cite.com.my
印　　　刷／韋懋實業有限公司
初　　　版／2018 年（民 107）2 月
售　　　價／380 元
ＩＳＢＮ／978-986-95891-2-3

城邦讀書花園　布克文化
www.cite.com.tw　WWW.SBOOKER.COM.TW

綠淨 隨手帶

外出潔淨不打折

保濕抗菌噴霧
-檜木-

保濕抗菌噴霧
-蘭花-

無皂淨膚乳

露營
聖品

乾濕
皆可

抑菌
保濕

天然
無毒

外出
專用

掃碼直接進入活動頁面

Coupon
讀者優惠

https://goo.gl/fBDvLe

通過7項 抑菌合格！

- 大腸桿菌
- 綠膿桿菌
- 退伍軍人症
- 包氏不動桿菌
- 金黃色葡萄球菌
- 肺炎鏈球菌
- 肺結核桿菌

通過4項 無檢出！

- 塑化劑
- 重金屬
- 刺激性
- 防腐劑

f 綠淨好感生活＋

LINE @seed-green

愛上自然 ╳ 好感生活
www.seed-green-shop.com